Hinter den Kulissen von Commissario Brunetti

Titelbild
Vorderseite
Nahe der Accademia-Brücke strahlt das leuchtend gelbe Istituto Veneto, im Hintergrund die Chiesa Madona de la Salute.

Umschlagrückseite
Bei schönem Wetter sieht man hinter der Friedhofsinsel San Michele die schneebedeckten Gipfel der Dolomiten.

Im Textteil wird hinter den Zwischenüberschriften in Klammern das Planquadrat angegeben, in dem sich der jeweilige Schauplatz befindet. Die Planquadrate sind auf der Übersichtskarte auf Seite 284/285 und im separat beiliegenden Stadtplan zu finden.
Grundlage für die Karten sind die Daten von Openstreetmap.org. Die Schauplätze wie auch die Anpassung der Karten wurden nach bestem Wissen und Gewissen vor Ort recherchiert. Eine Haftung für eventuelle Fehler kann nicht übernommen werden.

1. Auflage: Dezember 2013

© 2013 Harms Verlag, 24214 Lindhöft

Druck und Bindung: CPI - Clausen & Bosse, Leck
Bildnachweis: Fotos Elisabeth Hoffmann und Karl-L. Heinrich
Separater Stadtplan: Dr.-Ing. Dipl. Phys. Stephan Rautenberg auf der Grundlage von OpenStreetMap und Mitwirkende, www.openstreetmap.org

ISBN: 978-3-86026-201-6

Elisabeth Hoffmann & Karl-L. Heinrich

Hinter den Kulissen von Commissario Brunetti

Die venezianischen Filmschauplätze aus der beliebten TV-Serie

Harms Verlag

Liebe Brunetti-Freunde,

nach unserem ersten Kompendium über die Romanschauplätze von Donna Leons Commissario Brunetti möchten wir Sie einladen, sich mit diesem Nachschlagewerk auf die Reise zu rund 200 Drehorten der beliebten ARD-Filmreihe zu begeben.

Ganz Venedig mit seinen Kanälen, Gassen und Plätzen ist ein einziger grandioser Schauplatz und es hätte den Rahmen des Buches gesprengt, jeden einzelnen vorzustellen. Wir hoffen jedoch, Ihnen mit unserer Auswahl einen hinreichenden Einblick in Brunettis Filmwelt geben zu können.

Gerne nehmen wir Ihre Anregungen unter www.Brunettistadtplan.de auf, wenn Sie bei Ihren Streifzügen durch die Serenissima interessante Filmkulissen entdecken, die hier noch nicht erwähnt sind.

Viel Freude beim Schmökern wünschen vom Balkon der Questura im Palazzo Ca' Zenobio

Elisabeth Hoffmann und Karl-L. Heinrich

Inhaltsverzeichnis

Der Blick hinter die Kulissen 13

Allgemeine Schauplätze 16
Questura 18
Brunettis Dachterrasse. 21
Palazzo Ca` Zenobio 22

1. Film: Vendetta 24
Brunettis Zeitungskiosk 27
Brunetti und Vianello am Markusplatz 29
Signora Ceronis Reisebüro 29
Residenz von Signor Trevisan 30
Friedhofsinsel San Michele. 30
Brunetti bei der Crazy Bar 32
Die Brunettis verfolgen Signor Matucci 33
Pathologisches Institut 34
Wohnung von Signora Ceroni 36
Flughafen Marco Polo. 36
Chiaras Schule 37

2. Film: Venezianische Scharade 38
Stammbar der Polizisten. 41
Damm 42
Bahnhof Santa Lucia 42
Ristorante La Fenice. 42
Signora Mascari identifiziert ihren Mann. 43
Brunettis Reisebüro 46
Mascaris Wohnung 46
Banca di Verona 47
Wohnung von Schuhmacher Gravi 48
Kanzlei von Avvocato Santomauro 48
Wohnung von Malfattis Freundin 49

3. Film: In Sachen Signora Brunetti 52
Reisebüro von Signor Mitri. 55
Stammbar der Polizisten. 56
Ristorante Antico Martini 56
Eingang von Paolas Universität. 58
Residenz von Signor Mitri 58
Kanzlei von Avvocato Zambino. 59
Ristorante Quadri. 59

4. Film: Nobiltà 62
Brunettis Optiker 65
Zoogeschäft.... 66
Residenz der Lorenzonis. 66
Trattoria am Arsenale 67
Pathologisches Institut 68
Traghetto Samuele 69
Trauerzug am Campo San Barnaba. 69
Riva del Vin.... 70
Am Rio vor Francesca Salviatis Wohnung 70
Ristorante Quadri. 70

5. Film: Venezianisches Finale 72
Kiosk der Signora Maria 75
Ristorante Quadri. 76
Friedhofsinsel San Michele. 77
Brunetti trifft Padovani im
Ristorante Il Nono Risorto 77
Ristorante Cantinone Storico 78
Wohnung der Signora Santini 78
Traghetto Salute 79
Residenz des Dirigenten Wellauer. 82
Wohnung von Wellauers Freund Signor Buco. 82
Alter Flughafen. 83

6. Film: Feine Freunde 84
Traghetto Carbon 88

Absturzhaus von Signor Rossi.................. 88
Ristorante Quadri........................... 89
Katasteramt................................. 90
Ospedale Civile 90
Wohnung von Signor Rossi 93
Jugendliche rauchen einen Joint 93
Vor Brunettis Wohnung...................... 93
Ristorante Cantinone Storico 94
Fitnessstudio von Vianello 94
Die Volpatos im Roten Café 95
Ristoteca Oniga............................. 95
Die Volpatos im Albergo Bel Sito.............. 96
Stammbar der Polizisten..................... 96
Wohnung von Signorina Baresi 97
Vaporetto-Anleger Samuele 97

7. Film: Sanft entschlafen 98
Garten des Altenheims von Brunettis Mutter 101
Maria Testa in der Kirche 102
Maria Testa wird angefahren 103
Ospedale Civile 103
Kloster von Padre Pio 106
Brunetti auf dem Markt....................... 107
Wohnung von Signor da Prè 107
Ristorante Riviera........................... 107
Bevorzugtes Lokal des Schweizer
Kommissars Brauchli........................ 108
Pathologisches Institut 108
Biblioteca Marciana 110
Chiara trifft Don Luciano 110
Brunetti bei seiner Eminenz 111

8. Film: Acqua alta........................112
Überfall auf Brett Lynch 115
Murino und Semenzato im Hafen...............117
Acqua Alta 117

Antiquitätengeschäft von Signor Murino. 118
Palazzo von Signor La Capra. 118
Brunetti mit einer Architektin auf dem
Campo Santa Maria Formosa. 122
Vor der Wohnung von Brett Lynch
und Flavia Petrelli 122
Ristorante Quadri. 123

9. Film: Beweise, daß es böse ist 124
Haus von Signora Battestini. 125
Tod von Florinda Ghiorgiu. 129
Flughafen Marco Polo 130
Vor Brunettis Wohnung. 130
Kanzlei der Avvocatessa Marieschi. 130
Raffi bringt seine Oma nach Hause. 134
Befragung der Avvocatessa Marieschi 134
Gabriel Nicolescu beim Waffenkauf 135
Bäckerei der Graziella Simionato. 135
Die Brunettis im Ristorante des Hotels Cipriani. . 136
Schulbehörde. 136
Patta im Geschäft für Herrenkonfektion 138
Teatro La Fenice 139
Brunetti und Alvise auf Konfrontation. 139
Innenhof von Paolas Universität 139
Brunetti und Vianello im Roten Café 140
Wohnung der Signora Gismondi. 141
Die Brunettis im Ristorante Il Migliore. 141

10. Film: Verschwiegene Kanäle 142
Eingang zur Militärakademie 146
Haus von Signor Moro 147
Pathologisches Institut 148
Wohnung von Signora Moro 148
Ristorante Quadri. 148
Damm 150
Vor Brunettis Wohnung. 150

Brunetti und Vianello im Ristorante Riviera 150
Die Brunettis im Ristorante Il Migliore. 152
Friedhofsinsel San Michele. 152

11. Film: Endstation Venedig 154
Bergung einer Leiche. 157
Captain Peters am Piazzale Roma. 158
Pathologisches Institut 158
Vor Brunettis Wohnung. 159
Casinò 159
Residenz von Signor Viscardis. 161
Brunetti steigt zu Patta ins Boot. 162
Wohnung von Signora Ruffolo. 162
Frühstücksbar von Brunetti 163
Brunetti trifft auf Professor Allbright 164
Bahnhof Santa Lucia 165
Ermordung von Giuseppe Ruffolo 165
Kanal bei Signora Ruffolos Wohnung. 169
Trattoria am Arsenale 169
Brunetti und Vianello vor der Bar Da Codroma . . 169

12. Film: Das Gesetz der Lagune 170
Hafen von Pellestrina 172
Wohnung von Clemenza Boscarini 173
Fischerbar. 174
Kramladen der Signora Follini. 175
Brunetti begleitet Patta zur Bar Da Codroma 176
Wohnung des Fischers Alberi. 176
Brunetti trifft Elettra inkognito 177
Elettra und Carlo Targhetta am Strand. 177
Die Brunettis im Ristorante Il Migliore. 180
Elettra und Carlo Targhetta vor der Kirche 181
Brunetti befragt Zeugen 181
Haus von Vittorio Spadini 182
Brunetti und Vianello an der Riva del Vin 183
Brunetti befragt den Metzger. 183

13. Film: Die dunkle Stunde der Serenissima ... 184
Innenhof von Paolas Universität 187
Wohnung der Signora Jacobs 188
Biblioteca della Patria 190
Demonstration auf dem Campo San Stae. 191
Bei der Wohnung von Claudia Leonardo. 192
Ristorante Quadri. 192
Pathologisches Institut 193
Patta und Kommissarin Caspari im
Ristorante La Fenice. 194
Chiara trifft auf ihren Schwarm 194
Szenen einer Ehe im Ristorante Il Refolo 195
Vor Brunettis Wohnung. 195

14. Film: Blutige Steine 198
Ermordung der Vucumpras 201
Die Brunettis vor einem Juweliergeschäft 202
Wohnung von Zaina 202
Taschenladen 203
Dessousgeschäft. 203
Brunetti mit Kollegen im Ristorante Pane,
Vino e San Daniele. 204
Brunetti und Vianello beobachten das
afrikanische Restaurant. 204
Palazzo von Claudio Stein 204
Garten des Altenheims von Brunettis Mutter ... 208
Der Mörder lauert Nando auf 208
Brunetti und Stein in der Osteria Naranzaria ... 208
Ospedale Civile 209
Buchladen 209
Nandos Tod 210
Zaina wartet im Café. 210
Innenhof von Paolas Universität 211
Pathologisches Institut 211
Brunetti und Patta im Ristorante La Fenice 212
Vor Brunettis Wohnung. 212

Flughafen Marco Polo 213
Gemüseschiff in der Via Garibaldi 213
Ristorante auf San Giorgio 213

15. Film: Wie durch ein dunkles Glas 216
De Cals Fornace, seeseitiger Eingang 219
Flughafen Marco Polo 221
Pathologisches Institut 221
Anleger Colonna 221
De Cals Fornace, landseitiger Eingang 222
Brunetti und Vianello begegnen Fasano 222
Wohnung der Tassinis 223
Vermeintlicher Garten von Brunettis Tante 223
Trattoria Al Corallo 225
De Cals Fornace, Lagunenanschluss 226
Vor de Cals zweitem Landeingang 227
Fasanos Dachterrasse 228
Patta betrinkt sich 228
Die Brunettis auf dem Zattere 229

16. Film: Lasset die Kinder zu mir kommen 230
Wohnung der Pedrollis 233
Ospedale Civile 236
Brunetti und Vianello im Café 236
Apotheke von Signor Franchi 238
Delikatessenladen 238
Osteria Naranzaria 239
Patta kauft Blumen 239
Damm 242
Staatsanwaltschaft 242
Küchenausgang der Trattoria alla Madonna 242
Ristorante Quadri 243
Empfang des Bürgermeisters 244
Vor Brunettis Wohnung 244
Residenz von Signor Marcolini 244

17. Film: Das Mädchen seiner Träume 246
Fundort des toten Mädchens 249
Friedhofsinsel San Michele. 250
Vor der Wohnung der Fornaris 250
Dachterrasse der Fornaris. 251
Vor der Wohnung der Fotografin Rani Vega 252
Die Kirche aus Brunettis Kindheit. 252
Fotogeschäft... 252
Garten des Altenheims von Brunettis Mutter 253
Piazzetta San Marco. 253
Signora Vega trifft den „Tigermann" 259
Balkon von Fornaris Nachbarn 259
Wohnung des Carabiniere 259

18. Film: Schöner Schein 261
Residenz der Faliers. 263
Vor der Wohnung von Ranzato 264
Wohnung von Ranzato 264
Hotel von Guarino. 266
Residenz der Cataldos. 268
Spedition Ranzato 269
Obsthandel Barbaro. 269
Signora Cataldo telefoniert mit
Commissario Brunetti 271
Festnahme von Filippo Guarino 271
Brunetti mit Franca Cataldo im
Ristorante La Linea d`Ombra. 274
Antonio Barbaro erwartet
Signora Cataldo im Boot 274
Tod von Antonio Barbaro 274
Brunetti und Paola im Ristorante
des Hotels Cipriani 275

Der Blick hinter die Kulissen

Alle in diesem Buch aufgeführten Verfilmungs-Schauplätze der Romane von Donna Leon wurden von uns selbstständig nach bestem Wissen und Gewissen recherchiert, ihr reales Vorhandensein vor Ort verifiziert und fotografisch dokumentiert.

Einige Drehorte wie zum Beispiel das Ospedale Civile, die Isola San Michele oder die Ca' Foscari mögen manchem Leser bereits aus den Romanen oder unserem ersten Kompendium über die Roman-Schauplätze vertraut sein. Des Weiteren tauchen manche Örtlichkeiten wie zum Beispiel das Quadri gleich in mehreren Filmen auf. Die drei Wichtigsten Schauplätze besprechen wir in dem Kapitel *Allgemeinschauplätze*. Aus Gründen der Übersichtlichkeit weisen wir im Fließtext auf wiederholt verwendete Schauplätze nur bei unterschiedlichen Doppelbelegungen mit *nota bene* hin.

Manchmal werden in den Filmen Lokalitäten mit einem erfundenen Namen bezeichnet oder anderswo platziert. In diesen Fällen stellen wir die Wirklichkeit mittels *in realtà* dar.

Die einzelnen Kapitel des Buches entsprechen jeweils einer der bis zur Drucklegung gesendeten achtzehn Verfilmungen in der Reihenfolge ihrer Ausstrahlung. Das alphabetische Stichwortverzeichnis im Anhang erleichtert zusätzlich die Suche nach bestimmten Schauplätzen.

Am Canal Grande präsentieren sich die Schauplätze entlang der Uferlinie und sind auch so in der Karte positioniert. Die meist landeinwärts in den verwinkelten Gasse versteckten Zugänge sind in den Filmen bis auf Ausnahmen nicht zu sehen. Das gilt auch für die Residenz der Lorenzonis am Rio de la Panada im vierten Film und für den seeseitigen Eingang von de Cals Fornace im Film 15.

Jeder Filmbesprechung ist eine inhaltliche Zusammenfassung vorangestellt, bevor die einzelnen Drehorte in ihrer zeitlichen Abfolge präsentiert und lokalisiert werden.

Erscheinen Schauplätze mehrmals im selben Film, beschreiben wir in der Regel alle Szenen oder fassen sie zu einer zusammenhängenden Geschichte zusammen. Dabei ergibt sich zwangsläufig, dass hier die Chronologie der Ereignisse etwas durcheinander gerät.

Die Innen- und Außenaufnahmen einer Gesamtszene wurden oft an unterschiedlichen Stellen gedreht, so existieren etwa für Brunettis Wohnung in ein und demselben Film drei relativ weit voneinander entfernte Drehorte.

Wird ein Gebäude von außen gezeigt, schildern wir in der Regel die Szene, die sich vorgeblich im Inneren des Gebäudes abspielt. Sieht man nur die Innenaufnahmen an einem uns unbekannten Drehort, gehen wir nicht weiter darauf ein.

Nun sollte einer spannenden Entdeckungstour nichts mehr im Wege stehen und wir wünschen viel Erfolg bei Ihrem Blick hinter die Kulissen von Commissario Brunetti.

Allgemeine Schauplätze

Ein beliebter Kameraschwenk zeigt die Riva dei Schiavoni.

Allgemeine Schauplätze

Questura (E3, B4, A4)

Amtssitz der venezianischen Verbrechensbekämpfung ist die Questura, repräsentiert durch den sich ambitioniert seinem gesellschaftlichen Aufstieg widmenden Vice-Questore Patta. Dadurch kommt er regelmäßig dem integren Commissario Brunetti in die Quere, der gerne in denselben Kreisen die Drahtzieher des Bösen ermittelt, in denen sein Chef zu verkehren pflegt. Konstruktive Polizeiarbeit leistet Patta selten, eher versucht er diese zu verhindern, um den „Frieden in der Stadt zu wahren". Dieser wird seiner Meinung nach hauptsächlich durch marodierende Zigeunerbanden gefährdet.

Stets an Brunettis Seite sieht man den treuen Sergente Vianello, auf den sich der Commissario unbedingt verlassen kann, auch wenn er über diverse Marotten und fixe Ideen

seines Untergebenen schmunzeln muss. Nur als Vianello den Ehrgeiz entwickelt, die kaputte Heizung in der Questura selbst zu reparieren, gerät Brunetti an die Grenzen seiner Belastbarkeit. Der wenig geistreiche und katzbuckelnde Sergente Alvise hingegen ist ein Dorn im Auge des Commissario. Lieber heute als morgen würde er ihn wegen Unfähigkeit aus dem Polizeidienst entfernt sehen, doch Alvise steht unter Pattas persönlichem Schutz!

Dreh- und Angelpunkt in der Questura ist die charmante Sekretärin Signorina Elettra, deren Augenaufschlag nicht einmal der Vice-Questore widerstehen kann. Unter allen Kollegen ist sie alleine versiert im Umgang mit dem Internet und knackt wenn nötig auch mal komplizierte Passwörter, um an Informationen und geheime Daten zu gelangen. Als Pattas „Vorzimmerdame" hilft sie ihm aus so manchem Schlamassel, doch bei dem von Patta selbst iniziierten Test über den Umgang mit ausländischen Mitbürgern bleibt sie hart.

Außenaufnahmen: Castello 2785, Campo San Francesco de la Vigna (E3) *(Bild links)*
Innenaufnahmen Filme 1 bis 6: Palazzo Stern: Dorsoduro 2792, Calle del Tragheto (B4) *(Bilder diese Seite)*
Innenaufnahmen Filme 7 bis 18: Palazzo Ca' Zenobio: Dorsoduro 2597, Fondamenta del Soccorso (A4) *(Bild S. 22)*

Brunettis Dachterrasse (B3)

Auf der traumhaft gelegenen weitläufigen Dachterrasse über dem Canal Grande spielt sich Brunettis Familienleben ab. Hier bespricht er bei einem Glas Wein aktuelle Fälle mit seiner Frau Paola und versammelt sich mit ihr und den Kindern Raffi und Chiara zum allabendlichen üppigen Mahl. Dabei erfährt er die momentanen Sorgen und Freuden seiner Familie und nimmt regen Anteil an der Entwicklung der Kinder: Sei es an Raffis phasenweisem kommunistischem Kampf oder seinem ersten Liebeskummer; seien es Chiaras erste Kochversuche, die er tapfer erträgt, oder deren Engagement in der Frauenbewegung, bis sich ein netter junger Mann für sie interessiert …

Auch manch eheliche Zwistigkeiten werden auf der Terrasse ausgetragen, die romantische Versöhnung vor der Kulisse des Canal Grande meistens inbegriffen.

Freunde und Verwandte werden mehr oder weniger herzlich in den Familienkreis aufgenommen, und so beherbergen die Brunettis des Öfteren Guidos Mutter – wenn es sein muss, auch gegen deren Willen – oder seine die Nerven ihres Neffen stark strapazierende Tante.

Chiaras japanische Brieffreundin verhilft der Familie zu neuen kulinarischen „Genüssen" und verdreht Raffi gehörig den Kopf.

Ein eher unerfreulicher Besuch ist der eines Beamten vom Katasteramt, welcher dem Commissario schonend beibringt, dass seine Wohnung wahrscheinlich illegal aufgebaut wurde und im schlimmsten Fall vom Abriss bedroht ist. Doch soweit kommt es Gott sei dank nicht. (San Polo 2049, Corte Scura)

Palazzo Ca' Zenobio (A4)

Der Palazzo Ca' Zenobio dient regelmäßig als Drehort sowohl für Außen- als auch für Innenaufnahmen. So wurde die vordere Front für die Wohnungseingänge von Signora Ceroni aus dem ersten Film und von Brett Lynch und Flavia Petrelli aus dem achten Film genutzt. Der Hinterausgang zum Garten zeigt das Anwesen La Capras aus dem achten Film.

Die prächtigen Säle im Palazzo wurden zum Polizeirevier, zum Casinò, zu Brunettis Wohnung, zu da Près Wohnung und zu La Capras Residenz umgestaltet.

Inschrift über dem Portal

Allgemeine Schauplätze 23

Blick vom Büro der Questura im Palazzo Ca' Zenobio

In der Eingangshalle des Palazzo Ca' Zenobio wurden unter anderem die Innenaufnahmen des Casinòs gedreht.

Nahe dem Bacino Orseolo bekommt Paola nasse Füße.

1. Film: Vendetta

Im Intercity auf der Fahrt von Padua nach Venedig wird der wohlsituierte Rechtsanwalt und Stadtrat Carlo Trevisan in seinem Zugabteil aus nächster Nähe erschossen.

Bei einem Lastwagenunfall in den Alpen werden die Leichen von sieben osteuropäischen jungen Frauen gefunden.

In Padua wird der Mord an dem in einen Steuerskandal verwickelten Steuerbeamten Favero als Selbstmord kaschiert und dem dort ermittelnden Capitano Della Corte der Fall entzogen.

Schnell stellt sich heraus, dass diese drei Ereignisse in engem Zusammenhang zueinander stehen, und Commissario Brunetti ermittelt mit seinem Kollegen aus Padua trotz aller Widerstände ihrer Vorgesetzten, die um den guten Ruf der Städte und ihrer „angesehensten" Bürger bangen. Denn die Spuren führen direkt ins Prostituierten-Milieu nach Mestre, wo die integeren Herren maßgeblich am Menschenhandel und der Zuhälterei mit osteuropäischen Mädchen, sowie am Vertrieb von pornografischen Gewaltvideos beteiligt waren. Die Abnehmer dieser Videos sind wohl auch in der sogenannten besseren Gesellschaft Venedigs und Paduas zu finden ...

Als dann noch Signor Martucci, Trevisans sizilianischer Anwaltskollege und Liebhaber von dessen Frau, ermordet wird, zieht sich die Schlinge immer enger um Regina Ceroni. Die Besitzerin eines Reisebüros, die die „Einreise" der Osteuropäerinnen organisiert, kann den Vertrieb der Gewaltvideos nicht mehr mit ihrem Gewissen vereinbaren.

Die zu diesem Zeitpunkt 15-jährige Chiara Brunetti besuchte dieselbe Klasse wie Franca, die Tochter der Trevisans, und freut sich, ihrem Vater bei seinen Ermittlungen helfen zu können. Als sie jedoch unbedarft ein Video anschaut, das

Franca ihr für den Commissario mitgegeben hat, wandelt sich ihre Freude in blankes Entsetzen und beendet jäh ihre Polizeikarriere.

Hilfreicher erweist sich da Signorina Elettra, die dank eines Freundes bei der Telefongesellschaft Brunetti in kürzester Zeit mit wichtigen Telefonnummern versorgt und ganz nebenbei noch Chiaras Mathematikaufgaben löst. Dass Brunetti dem Freund dafür in einer heiklen Angelegenheit, nämlich einer Anzeige wegen „Erregung öffentlichen Ärgernisses" am sogenannten Schwulenstrand auf dem Lido, aus der Patsche hilft, versteht sich ganz von selbst.

Brunettis Zeitungskiosk (C2)

Auf seinem Weg zur Arbeit überquert der Commissario den Campo Santi Apostoli und kauft sich am dortigen Kiosk die aktuelle Tageszeitung Il Gazzettino. Die Schlagzeile über den kaltblütig im Zug ermordeten Prominentenanwalt Trevisan springt ihm entgegen und lässt ihn erahnen, was seine nächste Ermittlung werden wird.

Am Markusplatz

Brunetti und Vianello am Markusplatz (D3/4)
Während sie ihre Schritte quer über Venedigs prächtigsten Platz zum Reisebüro der charmanten Signora Ceroni lenken, tauschen die beiden Polizisten Neuigkeiten in Sachen Carlo Trevisan aus.

Signora Ceronis Reisebüro (C3)
Regina Ceroni erzählt dem Commissario über ihre rein beruflichen(!) Kontakte zu Signor Trevisan, den sie früher als Dolmetscherin auf seinen Dienstfahrten nach Osteuropa begleitet hatte. Mittlerweile nennt sie stolz ein Reisebüro ihr Eigen, über das die Kanzlei Trevisan „aus alter Verbundenheit" alle Geschäftsreisen bucht. (San Marco 4760, Calle del Lovo)

Residenz von Signor Trevisan (B3)

Vianello und Brunetti fahren mit dem Polizeiboot direkt zum Eingang des am Canal Grande gelegenen prächtigen Palazzo von Signor Trevisan, in welchem der Commissario die Witwe Trevisans im Beisein von Signor Martucci einer ersten Befragung unterzieht. Im weiteren Verlauf der Ermittlungen konfrontiert er sie dort mit den menschenverachtenden Pornovideos, die Chiara von Trevisans Tochter Franca bekommen hat. (San Polo 2766, Ramo Pisani)

Friedhofsinsel San Michele (D/E1)

Als Zaungäste nehmen Brunetti und Vianello an der Beerdigung von Carlo Trevisan auf der Friedhofsinsel San Michele teil. Die „trauernde" Witwe wird gestützt von Signor Martucci. Dort gibt sich ihnen auch der Capitano aus Padua zu erkennen, der inkognito erschienen ist.

Residenz von Signor Trevisan

Brunetti bei der Crazy Bar (D3)
Brunetti telefoniert vor der Crazy Bar mit seinem Kollegen aus Padua. Dem wurde sein Fall mittlerweile entzogen, was ihn aber nicht daran hindert, privat weiter zu ermitteln.

Nota bene: Die Crazy Bar fungiert in allen Romanen von Donna Leon als die Stammbar der Polizisten, da sie sich ganz in der Nähe der Roman-Questura befindet. (Castello 4977D, Fondamenta de l'Osmarin)

1. Film: Vendetta

Die Brunettis verfolgen Signor Martucci (C3)

Nach einem augenscheinlich sehr anregenden Restaurantbesuch entdeckt Brunetti auf einer Brücke Signor Martucci, verwickelt in eine heftige Diskussion mit Signora Ceroni. Gemeinsam mit seiner Gattin nimmt der Commissario die Verfolgung entlang der Fondamenta Carlo Goldoni auf, wobei Paola ihren kriminalistischen Einsatz mit ruinierten Schuhen bezahlt. (San Marco, Calle Tron, *oben*, Fondamenta Goldoni, *Bilder unten*)

Pathologisches Institut (Lido)

Im pathologischen Institut identifiziert Signora Trevisan die Leiche von Martucci und wirkt darüber wesentlich erschütterter als über den Tod ihres Mannes. Brunetti und Vianello nerven derweil den Pathologen Dottor Aurino, weil er ihnen nicht schnell genug die Obduktionsergebnisse liefert.

Nota bene: In der Verfilmung von „Venezianische Scharade" identifiziert Signora Mascari ihren Mann im gegenüberliegenden Gebäude.

In dem Roman „Sanft entschlafen" von Donna Leon wird im Ospedale al Mare die ehemalige Nonne Maria Testa verarztet. (Lido, Ospedale al Mare, Viale dell'Ospizio Marino)

Im Film kommt Signora Ceroni aus dem Eingang des großen, grauen Palazzo Ca` Zenobio links im Bild

Wohnung von Signora Ceroni (A4)

Von der Brücke aus beobachtet Vianello, wie Signora Ceroni nachts mit Gepäck ihr Haus verlässt und offensichtlich aus der Stadt fliehen möchte. (Palazzo Ca' Zenobio, Dorsoduro 2596, Fondamenta del Soccorso)

Flughafen Marco Polo

Brunetti erreicht die fliehende Signora Ceroni gerade noch rechtzeitig bei den Sicherheitskontrollen am Flughafen und überredet sie in der dortigen Bar mit aller Polizeikunst, in der Stadt zu bleiben und sich als Zeugin zur Verfügung zu stellen. Er persönlich garantiere für ihren Schutz …

Einfahrtschneise zum Flughafen

Chiaras Schule (B4)

Frustriert vom abrupten Ende seines Falles holt Brunetti Chiara, die sich mittlerweile erholt hat, von der Schule ab, um den Nachmittag mit ihr zu verbringen. (Dorsoduro 1454, Campo Ognissanti)

Gegenüber von Mascaris Wohnung auf dem Campo Santa Maria Mater Domini hält ein Gondoliere Ausschau nach Kundschaft.

2. Film:

Venezianische Scharade

2. Film: Venezianische Scharade

Die auf dem Schlachthof in Mestre gefundene Leiche eines angeblichen Transvestiten, dessen Gesicht bis zur Unkenntlichkeit verstümmelt wurde, durchkreuzt Brunettis Urlaubspläne. Denn Vice-Questore Patta beauftragt ihn mit dem Fall, obwohl seine Reise mit Paola nach London schon lange genehmigt und gebucht ist. So sehr Paola wütend auf Patta ist, tut er ihr auch leid, weil seine Gattin nach 27-jähriger Ehe mit einem Pornofilmproduzenten aus Mailand durchgebrannt ist und damit ganz Venedig Gesprächsstoff liefert. Doch Patta lässt sich nicht unterkriegen und setzt Signorina Elettra auf den feinen Herrn und seine Steuerfälschungen an, erfolgreich, wie sich im Laufe des Films herausstellen wird.

Inzwischen ermittelt der Commissario gemeinsam mit Sergente Vianello und ihrer jungen Kollegin Maria Nardi im Strichermilieu und trifft in der Wohnung des hübschen Signor Crespo auf den ehrenwerten Avvocato Santomauro, der sich beeilt zu versichern, dass er in seiner Funktion als Crespos Anwalt dort sei.

Die Mär vom getöteten Transvestiten hält sich nicht lange, da Signora Mascari ihren Mann, den Filialleiter der Banca di Verona, als vermisst erklärt und den Toten identifiziert. Brunetti glaubt ihrer Aussage mehr als der von Mascaris Stellvertreter Marco Oliveri, dem Mascari angeblich seine Homosexualität und sein Doppelleben als Transvestit anvertraut hat. Die Witwe weist diese Behauptungen als absolut grotesk zurück.

Die Ereignisse überschlagen sich als Maria Nardi bei einem Polizeieinsatz ums Leben kommt und die Beamten von überhöhten Mietforderungen für eigentlich günstige Sozialwohnungen erfahren: verwaltet von der Wohlfahrtsorganisation Lega della Moralità des Signor Santomauro, abgewickelt über Konten der Banca di Verona, dessen neuer Filialleiter Oliveri ebenfalls ermordet wird.

Der „Hüter der Moral" Santomauro hat alles andere als eine lupenreine Weste, aber der Commissario muss erst einen Schuhmacher bemühen, um es ihm zu beweisen …

Doch auch heterosexuelle Jugendliche haben es nicht leicht, und Brunetti steht Raffi in seinem Liebeskummer bei und begleitet ihn durch seinen wohl ersten richtigen Rausch. Ob Chiara den schon erlebt hat, wissen wir nicht. Sie befand sich auf Klassenfahrt und hielt es nicht für nötig, ihren besorgten Vater wie verlangt jeden zweiten Tag anzurufen.

Der freut sich, nach erfolgreichem Abschluss des Falles, seiner Paola die Flugtickets nach London in die Hand zu drücken, die Signorina Elettra für ihn umbuchen ließ. Wie sie das geschafft hat, einen Tag nachdem der Flug hätte stattfinden sollen, bleibt, wie so vieles, ihr Geheimnis.

Stammbar der Polizisten (E3)

Das Tagesgespräch in der Trattoria dal Vecio Squeri ist zurzeit der gehörnte Vice-Questore Patta. Außerdem betrinkt sich Brunetti dort nach durchwachter Nacht mit Raffi mit Kamillentee und Vianello aus traurigem Anlass mit härteren Sachen. (Trattoria dal Vecio Squeri, Castello 3210, Campo de le Gate)

In realtà befindet sich die Trattoria mittlerweile am Campo de Santa Giustina detto de Barbaria.

Damm (A1)

Über den Damm gelangt Brunetti aufs Festland in den Industrievorort Mestre und benutzt dafür entweder den Bus oder den Zug oder er lässt sich mit dem Auto chauffieren, denn als „Insulaner" besitzt er keinen Führerschein.

Bahnhof Santa Lucia (A2)

Die besorgten Brunettis bringen ihre aufgeregte Tochter Chiara zum Bahnhof, von wo aus sie ihre erste Reise ohne Eltern antritt.

Eine Woche später wird sie mit etwas verdrehtem Kopf von den erleichterten Erziehungsberechtigten wieder abgeholt. (Cannaregio, Fondamenta Santa Lucia, *Bild rechts oben*)

Ristorante La Fenice (C3)

Avvocato Santomauro und Vice-Questore Patta speisen gediegen im feinen Ristorante La Fenice, direkt beim gleichnamigen berühmten Theater. Dabei bringt Santomauro Patta in Verlegenheit, als er ihn, gemeinsam mit seiner „reizenden Frau" zu einem Benefizkonzert der Lega della Moralità einlädt. (San Marco 1939, Campiello Marinoni, *Bild S. 44*)

Im Bahnhof

Signora Mascari identifiziert ihren Mann (Lido)

In Begleitung von Commissario Brunetti und Maria Nardi tritt Signora Mascari aus der Kliniktür, als sie unvermittelt zusammenbricht. Die Identifizierung ihres toten Mannes war eindeutig zu viel für sie.

Nota bene: Bis zur vierten Roman-Verfilmung wurden vor dem gegenüberliegenden Gebäude die Außenaufnahmen für das pathologische Institut gedreht.

In dem Roman „Sanft entschlafen" von Donna Leon wird im Ospedale al Mare die ehemalige Nonne Maria Testa verarztet. (Lido, Ospedale al Mare, Viale dell'Ospizio Marino)

Ristorante La Fenice

Brunettis Reisebüro (B3)

Grußlos verlässt der Commissario das Reisebüro, weil die gleichgültige Angestellte trotz seiner hoheitlichen Verpflichtungen nicht bereit war, die gebuchten Flugtickets umzutauschen. (Dorsoduro 3252, Fondamenta del Tagiapiera)

Mascaris Wohnung (C2)

Commissario Brunetti und seine junge Kollegin bringen die um Fassung ringende Signora Mascari nach Hause.

Nach der Aufklärung des Falles besucht Brunetti Signora Mascari, die neben der Trauer um ihren Mann von

Der Campo Santa Maria Mater Domini

der Schmach überwältigt wurde, ihn in der Öffentlichkeit als Transvestiten verleumdet zu sehen. Zumindest diesbezüglich kann der Commissario ihren Seelenfrieden wieder herstellen. (Santa Croce 2125, Campo Santa Maria Mater Domini)

Banca di Verona (C3)

Brunetti stattet Marco Oliveri in der Banca di Verona am Campo San Luca einen Besuch ab. Oliveri hat Mascaris Posten als Filialleiter eingenommen und gibt sich als dessen einziger Freund aus, der ihn aber trotzdem nicht vom „falschen Weg" abbringen konnte. (San Marco 4590, Campo San Luca, *Bild nächste Seite*)

Eingang zur Banca di Verona

Wohnung von Schuhmacher Gravi (E3)

Sergente Alvise und sein Kollege treffen den Schuhmacher Gravi nicht zu Hause an und werfen ihm eine Nachricht in den Briefkasten, dass er sich bei der Polizei melden soll.

Gravi kommt gerade rechtzeitig von einem Aufenthalt bei seinen Enkeln zurück, um in dem festgefahrenen Fall das entscheidende Beweisstück zu liefern. (Castello 3140, Salizada San Francesco, *Bild rechts oben*)

Kanzlei von Avvocato Santomauro (B4)

Mehrmals sucht Brunetti den Avvocato und Vorsitzenden der Lega della Moralità Santomauro in seiner prachtvollen Kanzlei am Campo Santo Stefano auf. Der reagiert zusehends nervöser auf seinen Besucher, von seiner Sekretärin ganz zu schweigen. (San Marco 2945, Campo Santo Stefano, *Bild Seite 50/51*)

Gravis Wohnung wird fast komplett von Obstkisten verdeckt.

Wohnung von Malfattis Freundin (C2)

Malfatti ist der Mann fürs Grobe und erledigt schmutzige Auftragsarbeiten für die Herren Oliveri und Santomauro. Ein Aufgebot von sieben Polizisten versucht, ihn in der Wohnung seiner Freundin zu verhaften, doch er entkommt mühelos und lässt Vianello mit einer blutigen Nase zurück. (Cannaregio 2292, Strada Nova)

Kanzlei von Avvocato Santomauro

3. Film:
In Sachen Signora Brunetti

Geselliges Beisammensein auf dem Campo dei Tolentini vor einer Bar neben Mitris Reisebüro

3. Film: In Sachen Signora Brunetti

Der Haussegen hängt ordentlich schief im Hause Brunetti: Paola besinnt sich ihrer revolutionären Ideale und zertrümmert die Schaufensterscheibe des Reisebüros von Signor Mitri aus Protest gegen die von der Agentur veranstalteten Sexreisen. Ausgerechnet der ungeliebte Assistent Alvise nimmt die sofort geständige und keineswegs reumütige Signora mit aufs Revier. In der Questura sorgt er in Windeseile für die Verbreitung der Nachricht und mausert sich kurzfristig zu Pattas Liebling.

Weil seine Gattin Mitris Angebot rundweg abschlägt, die Angelegenheit auf dem kleinen Dienstweg zu bereinigen, reißt Brunetti der stark strapazierte Geduldsfaden, und Paola zieht vorübergehend zu ihren Eltern. Zu allem Überfluss suspendiert Patta den Commissario bis auf Weiteres vom Dienst, der sich dann wenigstens um seine von der Ehekrise ihrer Eltern verschreckten Kinder kümmern kann.

Paola bleibt zwischenzeitlich nicht untätig und konfrontiert Davide Mitri mit Fotos von minderjährigen Sexsklavinnen. In derselben Nacht wird Mitri ermordet, und neben seiner Leiche findet sich ein Zettel, auf dem er als Kinderschänder beschimpft wird …

Gottseidank ist Patta von Alvises kriminalistischem Spürsinn nicht sehr überzeugt und beordert Brunetti zurück in den Dienst. Signorina Elettras Recherchen ergeben, dass Davide Mitri Besitzer zweier Pharmafirmen und das Reisebüro lediglich eine Geldanlage war. Laut Avvocato Zambino waren seinem Mandanten die von dessen Geschäftsführer Dorandi veranstalteten Sexreisen ein Dorn im Auge, allerdings nicht aus ethischen Gründen. Vielmehr war er in Sorge, dass sein schwunghafter Handel mit abgelaufenen Arzneimitteln und die mittels der Firma seines Schwagers Bonaventura organisierten, lukrativen „Hilfslieferungen" an Entwicklungsländer durch die öffentliche Aufmerksamkeit auffliegen könnten. Als dann noch ein bekannter Mafiakiller ins Spiel kommt, verwirft Brunetti endgültig die „Päderastentheorie", und der Fall nimmt eine überraschende Wendung …

Paola, mittlerweile wieder zu Hause eingezogen, martert sich mit Selbstvorwürfen, am Tod von Mitri mitschuldig zu sein und lässt sich nur langsam vom Gegenteil überzeugen.

Selbst nach Aufklärung des Mordes nagen noch letzte Zweifel an ihr; eine Schaufensterscheibe aber würde sie aus gegebenem Anlass jederzeit wieder einwerfen.

Reisebüro von Signor Mitri (A3)

Im Anschluss an ihre Fensterattacke wartet Signora Brunetti seelenruhig das Eintreffen der Polizei ab.

Nach dem Mord an Mitri sucht Brunetti dessen Geschäftsführer Dorandi im Reisebüro auf und erfährt, dass ihm von Mitri wegen „unterschiedlicher Geschäftsauffassungen" gekündigt wurde. (Santa Croce 183A, Campo dei Tolentini)

Im leeren Laden neben der Bar befand sich das Filmreisebüro.

Stammbar der Polizisten (E3)

In der Trattoria dal Vecio Squeri versucht Paola, ihrem Mann die Motive für ihre Tat zu erklären. Doch der kann oder will sie nicht verstehen und verlässt wutentbrannt die Bar.

Nach einem Beinahe-Zusammenbruch in der Questura bringt Vianello seinen Chef in die Bar und versorgt ihn mit einer Ladung Tramezzini und Wasser. (Trattoria dal Vecio Squeri, Castello 3210, Campo de le Gate)

In realtà befindet sich die Trattoria mittlerweile am Campo de Santa Giustina detto de Barbaria.

Ristorante Antico Martini (C3)

Erneuter Auftritt von Paola Brunetti: Im Stammlokal des Dottor Mitri knallt sie ihm Fotos von jungen halbnackten Mädchen auf den Tisch und verdirbt ihm und seiner Frau damit gründlich den Abend. (San Marco 1983, Campo Teatro Fenice)

MARTINI

Eingang von Paolas Universität (A3)

Der Commissario passt seine Frau am Eingang zur Universität ab, um ihr vom Mord an Dottor Mitri zu erzählen. Paola zeigt sich geschockt und gesteht ihm ihr Zusammentreffen mit Mitri am Abend zuvor. Fassungslos zieht der Commissario von dannen, nicht ohne sie zuvor nach einem Alibi für den Rest des Abends gefragt zu haben. (Santa Croce 191, Campazzo dei Tolentini)

Residenz von Signor Mitri (B4)

Mit dem Polizeiboot lassen sich Brunetti und Vianello zum herrschaftlichen Palazzo der Mitris am Canal Grande befördern. Sie treffen die kühle schöne Witwe in Begleitung ihres Bruders Sandro Bonaventura an, die beide erst mal nichts zur Aufklärung des Falles beitragen können.

Bei Brunettis zweitem Besuch im Haus der Signora Mitri hat sich die Sachlage diesbezüglich deutlich geändert. (Dorsoduro 866, Piscina del Forner)

Kanzlei von Avvocato Zambino (C4)

Der Commissario trifft Mitris Anwalt Zambino vor seiner Kanzlei und schlendert mit ihm über den Campo Santo Stefano. Dabei versucht er, mehr über die Geschäfte des Toten zu erfahren.

Nota bene: Im Roman „Venezianisches Finale" besucht Commissario Brunetti dort im Konservatorium den Musikkritiker Rezzonico. (San Marco 2809, Campo Pisani)

Ristorante Quadri (D3)

Orazio Falier verabredet sich mit seinem Schwiegersohn Guido Brunetti im Ristorante Quadri, um ihn über die finanziellen Transaktionen des Dottor Mitri zu informieren. Außerdem bestätigt er Paolas Alibi für die Mordnacht. (San Marco 120, Piazza San Marco, *Bild nächste Seite*)

4. Film:
Nobiltà

Skurrile Löwenstatuen beäugen den Commissario und Conte Falier in der Trattoria am Arsenale.

4. Film: Nobiltà

Zwei Jahre nach seinem Verschwinden wird die Leiche von Roberto Lorenzoni gefunden, dem Spross einer der bedeutendsten Adelsfamilien Venedigs. Angeblich war er entführt worden, was seinerzeit großes Aufsehen erregte, da dem Vater verwehrt worden war, das geforderte Lösegeld zu zahlen. Im Zuge seiner Ermittlungen wird Brunetti immer wieder mit der rätselhaften Erkrankung Robertos konfrontiert, wofür kein Arzt eine Erklärung finden konnte. Erst die nachträgliche Auswertung der Laborergebnisse durch den Pathologen Aurino enthüllt die erschütternde Wahrheit …

Bis dahin lernen Vianello und Brunetti den „schreckhaften" Vetter Robertos, Maurizio, kennen, der sie mit einer Gewehrsalve empfängt, als sie – zugegebenermaßen unbefugt – sein Grundstück betreten. Ebenfalls wenig zugänglich zeigen sich Robertos Eltern; die Mutter ist psychisch zerstört von Robertos Verschwinden, der unnahbare Vater hat sich damit arrangiert und in seinem Neffen Maurizio einen würdigen Nachfolger für Roberto gefunden. Maurizio gefällt sich in dieser Rolle und scheint seinem Cousin nicht groß nachzutrauern.

Wertvolle Hinweise von Brunettis Schwiegervater Conte Falier lassen die Entführungstheorie sowie die Fassade der Lorenzonis bröckeln, und der Commissario verfolgt Robertos Spuren mit seiner gefährlichen Fracht bis nach Osteuropa …

Vice-Questore Patta erweist sich wie meistens als wenig kooperativ und ermahnt Brunetti lediglich zur Diskretion im Umgang mit dem adeligen Bauunternehmer Conte Lorenzoni. Mehr Zeit verwendet er auf die Vorbereitung seines Fernsehauftritts über die Polizeiarbeit in Venedig wofür eigentlich Brunetti vorgesehen war. Der hat diese Ehre großzügig an seinen Chef wegen Pattas „breiterem Erfahrungsspektrums" abgetreten.

Neben dem toten Adelssohn schlägt sich Brunetti auch mit familiären Problemen herum. Zum Einen hat seine Tochter Chiara ihre Leidenschaft für das Kochen entdeckt und kümmert sich immer öfter um das leibliche „Wohl" ihrer Familie. Schmerzhafter trifft ihn der Vorwurf seines Schwiegervaters, dass sich Paola von ihm vernachlässigt fühle und erblickt diese zudem noch fröhlich plaudernd mit einem gut aussehenden, ihm unbekannten Herrn! Von Selbstzweifeln und Eifersucht gequält ist er nur zu froh, als Paola ihm eine unerwartete Erklärung für die väterliche Besorgnis präsentiert.

Brunettis Optiker (D3)

Paola Brunetti ersteht beim Optiker della Barbaria eine Brille für ihren Gatten – für stolze 200 Euro. Seinen schüchternen Einwand bezüglich des Preises wischt Paola zur Seite, schließlich sei sie es ja, die ihn mit der Brille ansehen müsse. (Castello 6368, Salizada San Zanipolo)

Zoogeschäft (D3)

Als er mit Brunetti ein Zoogeschäft passiert, entdeckt Vianello sein Herz für einen geschwätzigen Vogel, der „gewöhnlich nicht mit Polizisten spricht". (Castello 6095, Campo Santa Marina)

In realtà handelt es sich um einen Blumenladen.

Residenz der Lorenzonis (D2)

Mehrmals sucht Commissario Brunetti die Eltern und den Cousin des tot aufgefundenen Roberto Lorenzoni in ihrem luxuriösen Palazzo auf, wo er auf bemerkenswertes Desinteresse an der Klärung des Falles stößt.

Selbst als bei einem heftigen Streit mit seinem Neffen dieser von einer Kugel tödlich getroffen wird, verliert der Conte nicht die Contenance. Lorenzi ruft ordnungsgemäß die Polizei und verabschiedet sich liebevoll von seiner Frau, bevor er sich abführen lässt. (Cannaregio 5101, Calle Donà)

Trattoria am Arsenale (E3)

Brunetti spaziert mit seinem Schwiegervater zu einer Trattoria am Arsenale und erfährt Details über die Familienstruktur der Lorenzonis und den für das Geschäftsleben eher ungeeigneten Roberto. Beim Mittagessen rückt der Conte mit seinem eigentlichen Anliegen an den Commissario heraus: Er sorgt sich um seine Tochter Paola, die in ihrer Ehe nicht mehr glücklich sei. Guido reagiert zornig und verlässt abrupt die Bar, doch die Vorwürfe nagen an ihm …
(Trattoria Da Paolo, Castello 2386, Campo de l'Arsenal)

Kapelle vor dem pathologischen Institut

Pathologisches Institut (Lido)

Im pathologischen Institut offenbart Dottor Aurino dem Commissario die erstaunlichen Obduktionsergebnisse von Roberto Lorenzoni. Vianello zeigt sich solange eher am konservierten Blinddarm von Aurinos Frau interessiert.

Bei seinem späteren Besuch im Institut (diesmal ohne Vianello, der sich um seinen kranken Vogel kümmern muss) erfährt Brunetti, dass der Tote an der Strahlenkrankheit gelitten hat.

Nota bene: In der Verfilmung von „Venezianische Scharade" identifiziert Signora Mascari ihren Mann im gegenüberliegenden Gebäude.

In dem Roman „Sanft entschlafen" von Donna Leon wird im Ospedale al Mare die ehemalige Nonne Maria Testa verarztet. (Lido, Ospedale al Mare, Viale dell'Ospizio Marino)

Traghetto Samuele (B4)

Im Traghetto von San Samuele in San Marco zum Palazzo Stern in Dorsoduro reagiert Brunetti schroff auf Vianellos ungenügendes Arbeitstempo. Dennoch bescheinigt Vianello dem durch seinen Schwiegervater verunsicherten Commissario eine nette, wenn auch etwas „grummelige" Art.

Trauerzug am Campo San Barnaba (B4)

Vom Campo San Barnaba werden die sterblichen Überreste Roberto Lorenzonis feierlich zur Friedhofsinsel überführt. Der Gondel mit dem geschmückten Sarg folgt die der Familie Lorenzoni.

Riva del Vin (C3)

Nachdem er den Trauerzug für Roberto Lorenzoni beobachtet hatte, entdeckt Brunetti auf der gegenüberliegenden Kanalseite seine Frau Paola, die sich sehr gelöst mit einem gut aussehenden Herrn amüsiert …

Blick von der Riva del Carbon   *auf die gegenüberliegende Riva del V.*

Am Rio vor Francesca Salviatis Wohnung (C4)

Der Commissario fängt Francesca Salviati, die ehemalige Freundin von Roberto, vor deren Wohnung ab und schlendert mit ihr den Rio Ospedaleto entlang. Dabei konfrontiert er sie mit pikanten Details aus ihrem Privatleben, die kein gutes Licht auf Maurizio Lorenzoni werfen. (Dorsoduro 374, Fondamenta Ospedaleto)

Ristorante Quadri (D3)

Im Ristorante Quadri vor der prachtvollen Kulisse des Markusdoms erfährt Brunetti Unglaubliches von seinem Schwiegervater bezüglich der Lösegeldgeschichte für Roberto. In Sachen Paola zeigt sich der Conte noch nicht zufrieden mit Brunettis bisherigen Anläufen zur Beziehungsklärung. (San Marco 120, Piazza San Marco)

Film 5:

Venezianisches Finale

Blick aus einem Fenster des Hotels La Fenice

5. Film: Venezianisches Finale

Der Vorhang fällt zum letzten Mal für den deutschen Stardirigenten Helmut Wellauer. Im berühmten Teatro La Fenice dirigiert der Maestro nur den ersten Teil einer Verdi-Premiere, da in der Pause eine Tasse Kaffee, versetzt mit reichlich Zyankali, seinem Leben ein plötzliches Ende bereitet. Während ein Ersatzdirigent die Aufführung mit Anstand zu Ende bringt, ermitteln Commissario Brunetti und seine Kollegen bereits hinter den Kulissen beim exzentrisch-sensiblen Künstlervolk.

Der deutsche Dirigent scheint ebenso genial wie unbeliebt gewesen zu sein und nutzte seine Macht, um Karrieren ihm unliebsamer Künstler zu zerstören. So hatte nicht nur die mittlerweile verarmte Sängerin Clemenza Santini allen Grund ihn zu hassen, auch die amerikanische Sopranistin Flavia Petrelli war aufgrund ihrer sexuellen Orientierung ein Dorn im Auge des angeblich so sittengetreuen Maestro. Gemeinsam mit ihrer Lebensgefährtin, der Archäologin Brett Lynch, lebt sie in einer luxuriösen Wohnung; ein Idyll, das Wellauer zu vernichten drohte, indem er Flavia bei ihrem Exmann denunzieren wollte, damit ihr das Sorgerecht für die beiden gemeinsamen Kinder entzogen würde.

Als dann noch Brunettis neuer Informant, der leicht schmierige Kunstkritiker Padovani, widerliche Details über Wellauers frühere Affären ans Licht zerrt, scheint es verwunderlich, dass der nicht schon viel früher ermordet wurde.

Der Commissario ermittelt in alle Richtungen und erfährt von Wellauers Arzt, dass der Dirigent unter einem nicht erklärbaren, massiv fortschreitenden Hörverlust litt, was ihn unweigerlich zur Aufgabe seines Berufes gezwungen hätte. Außerdem berichten die Haushälterin und ein Freund Wellauers, dass in der Ehe nicht mehr eitel Sonnenschein geherrscht und Wellauer sogar an einer Art Altersdepression gelitten hätte.

Lediglich des Maestros junger ungarischen Gattin sind wohl keinerlei Probleme bekannt, und sie gibt vor, ihren Mann bedingungslos geliebt zu haben; eine Behauptung, die zu revidieren sie gezwungen wird …

Während Paola ihrem Guido mit femininer Logik umgehend die Lösung des Falles präsentiert – übrigens in seltener Einigkeit mit Patta –, entwickelt sich Raffi zum glühenden Anhänger des Kommunismus und bricht sogar die Schule ab, da er später nicht zur Klasse der Ausbeuter gehören möchte. Erst ein Tag harter Schufterei in der Abbruchfirma von Vianellos Schwager führt ihn wieder zurück zum Bildungsbürgertum und auf den Pfad des Kapitalismus …

Kiosk der Signora Maria (B3)
Selbst unser Commissario kennt sich im Gassengewirr seiner Stadt nicht genau aus, und so befragt er eine alte Kiosk-Besitzerin nach dem Wohnort „einer Amerikanerin hier in der Nähe". Die weiß natürlich sofort, wen er meint, kann ihm exakt den Weg beschreiben und gibt ihm sogar noch die Zeitungen für Signora Lynch mit. (Dorsoduro, Campo San Pantalon)

Ristorante Quadri (D3)

Über Musik philosophierend passieren Brunetti und Vianello das Ristorante Quadri auf sogenannten Passerelle-Holzstegen, die bei Acqua alta aufgebaut werden. (San Marco 120, Piazza San Marco)

Gräbermauer auf San Michele

Friedhofsinsel San Michele (D/E3)

Eine sehr kleine Trauergesellschaft, unter anderem mit Signora Wellauer, ihrer Tochter und ihrer Haushälterin versammelt sich auf San Michele am Grab des verstorbenen Dirigenten. Etwas abseits zwischen den Gräbern stehend betrachtet der Commissario das Geschehen.

Brunetti trifft Padovani in der Osteria Il Nono Risorto (C2)

Der Kunstkritiker Padovani kehrt in eine Osteria ein und ruft von dort aus den Commissario an. Im Gegensatz zu Brunetti scheint der vergangene alkoholselige Abend spurlos an ihm vorüber gegangen zu sein.

Nachdem er Brunetti kurze Zeit später eine Einladung zum Mittagessen abgerungen hatte, rückt Padovani im Garten der Osteria mit brisanten Neuigkeiten über die drei Santini-Schwestern heraus, denen Wellauer übel mitgespielt hat. (Santa Croce 2338, Sotoportego de Siora Bettina)

Ristorante Cantinone Storico (B4)

Telefonierend schlendert Brunetti am malerisch an einem Kanal gelegenen Ristorante Cantinone Storico vorbei und lässt sich von Padovani die versprochene Adresse der Clemenza Santini auf der Isola Giudecca nennen. (Dorsoduro 661, Fondamenta di Ca' Bragadin)

In realtà befindet sich die Wohnung am Corte Rota in Castello.

Wohnung der Signora Santini (D3)

Nur ungern lässt Signora Santini den Commissario in ihre ärmliche Wohnung eintreten. Vor 50 Jahren hat Dirigent Wellauer ihre vielversprechende Sän-

Hinter der unscheinbaren grauen Tür liegt die Wohnung von Clemenza Santini.

gerkarriere ruiniert, weil sie sich während einer Premiere geweigert hatte zu singen. Von der wahren Dimension ihres Hasses ahnt der Commissario bislang noch nichts.

Erst bei seinem zweiten Besuch schildert sie ihm drastisch, was Wellauer ihrer kleinen Schwester angetan hat.

In realtà liegt die Wohnung nicht wie im Film erzählt am Corte Mosca, sondern am Corte Rota. (Castello 4950, Corte Rota)

Traghetto Salute (C4)

Auf der Überfahrt mit dem Traghetto referiert Signorina Elettra dem Commissario über Flavias unglückliches Eheleben, die gemeinsamen Kinder, die Trennung vom prügelnden Gatten und ihre Hinwendung zu Brett Lynch, die offiziell als ihre Agentin firmiert.

*Residenz des
Dirigenten Wellauer*

Residenz des Dirigenten Wellauer (B3)

In ihrem noblen Palazzo am Canal Grande fühlt sich die Witwe des Dirigenten Wellauer durch die direkten Fragen des Commissario so brüskiert, dass sie eine Fortführung des Gespräches ablehnt. Auskunftsfreudiger, trotz des standesgemäßen Maßes an Diskretion, zeigt sich die treue Haushälterin Hilda, der das deutlich abgekühlte Verhältnis zwischen den Eheleuten aufgefallen ist. (Dorsoduro 3901, Calle del Remer, *Bild vorherige Seite*)

Wohnung von Wellauers Freund Signor Buco (B4)

Sein Besuch bei Wellauers engstem Freund Salvatore Buco in dessen nahe bei den Wellauers ebenfalls am Canal Grande gelegenen Palazzo vermittelt dem Commissario einen Einblick in das zuletzt eher triste Seelenleben des Maestro. (San Marco 3201, Campo San Samuele)

Alter Flughafen (Lido)

Am alten Flughafen von Venedig auf dem Lido offenbart sich Signora Wellauer schließlich dem Commissario und vervollständigt das Bild eines grausamen, menschenverachtenden Genies, das der Stardirigent Helmut Wellauer verkörpert hatte. (Lido, Via R. Morandi)

Film 6:

Feine Freunde

Auf dem Campo Santa Margherita gehen die Volpatos ihren kriminellen Geschäften nach.

6. Film: Feine Freunde

Commissario Brunetti, der treue Hüter des Gesetzes, erfährt vom Katasterbeamten Signor Rossi, dass seine Wohnung illegal erbaut worden sei. Leider müsse er entweder mit einer hohen Geldstrafe oder gar dem Abriss der Wohnung rechnen, sollte er nicht doch eine entsprechende Baugenehmigung vorweisen können.

Der Schock sitzt noch tief, als Rossi kurz darauf vom Baugerüst eines Hauses stürzt und verstirbt. Für den Commissario stellt sich nun die Frage, was den stark höhenängstlichen Beamten getrieben hat, freiwillig die wackelige Konstruktion zu betreten, nachdem er sich nicht einmal auf Brunettis Dachterrasse gewagt hatte. An einen tragischen Unglücksfall mag Brunetti nicht glauben, da ihn Rossi kurz vor seinem Tod dringend um ein geheimes Treffen gebeten hatte, wozu es allerdings nicht mehr gekommen ist.

Brunettis Recherchen ergeben, dass die Stadtverwaltung eine generellle Überprüfung aller Baugenehmigungen angeordnet und eine Dokumentenzusammenführung im Katasteramt verfügt hat. Da könnten schon mal mehr oder weniger versehentlich Unterlagen verloren gehen, deren Wiederbeschaffung „leider" nicht ganz billig ist …

Rossis Vorgesetzter dal Carlo verwehrt sich energisch gegen solche Unterstellungen, doch Signorina Elettra deckt seine Geschäftsbeziehungen zu dem skrupellosen Ehepaar Volpato auf, das an verzweifelte Schuldner Geld zu horrenden Zinskonditionen verleiht. Als Sicherheit müssen sie den Wucherern ihre Immobilien überschreiben, womit die sich ein einträgliches Imperium aufgebaut haben, an dem auch dal Carlo teilhaben darf. Pikanterweise gehört den Volpatos auch das Katastrophenhaus, von dem Rossi gefallen war. Als im selben Haus ein obdachloses Junkiepärchen sein Leben lassen muss, zieht sich die Schlinge gefährlich eng um dal Carlo, zumal sich selbst seine ihm hoffnungslos verfallene Sekretärin und Geliebte Signorina Baresi auf dramatische Weise gegen ihn wendet …

Unterdessen sorgt sich Vice-Questore Patta um seinen missratenen Sohn Roberto, der in einer Disco mit Drogen aufgegriffen wurde und dank Brunettis „mafiöser" Beziehungen gerade noch mit einem blauen Auge davon kommt.

Ausgerechnet in diese Disco wird die mittlerweile 16-jährige Chiara eingeladen, was ihren Angehörigen ein erhebliches Maß an Fingerspitzengefühl abverlangt, um dem gestrengen Familienoberhaupt die Erlaubnis dafür abzuluchsen.

Traghetto Carbon

Traghetto Carbon (C3)

Auf der Überfahrt mit dem Traghetto von San Polo nach San Marco diskutieren die Eheleute Brunetti das weitere Vorgehen bezüglich ihrer angeblich illegal errichteten Wohnung. Paola sieht nicht so sehr das Problem, da halb Venedig ohne Genehmigung erbaut sei und sie außerdem ihren Vater um Hilfe bitten könne. Das wiederum hört Guido gar nicht gerne, der die Angelegenheit lieber alleine klären möchte. (*Bild vorherige Seite*)

Absturzhaus von Signor Rossi (B3)

Nachdem Signor Rossi unter ungeklärten Umständen vom Baugerüst eines mehrstöckigen Gebäudes gefallen ist, trifft Commissario Brunetti in dem maroden Haus auf einen jugendlichen Drogenabhängigen, der offensichtlich etwas zu verbergen hat. Kurze Zeit später sind der und seine Freundin tot.

Die prächtige Fassade der Ca` Foscari

Nota bene: In den Romanen von Donna Leon lehrt Paola Brunetti in diesem Gebäude der Universität von Venedig englische Literaturwissenschaft. (Ca' Foscari, Dorsoduro 3246, Calle de Ca' Foscari)

Ristorante Quadri (D3)

Wie versprochen findet sich Commissario Brunetti um zehn Uhr morgens im Quadri zu seiner Verabredung mit Signore Rossi ein. Doch der erscheint nicht. Stattdessen joggt Brunettis Assistent Vianello im Sportdress an ihm vorbei die Piazza San Marco entlang. (San Marco 120, Piazza San Marco)

Katasteramt (C3)

Mehrmals suchen der Commissario und Vianello das Katasteramt auf, um Nachforschungen über die Hintergründe von Rossis Sturz und die recht lukrative „Unterlagenzusammenführung" bei der Überprüfung von Immobilien anzustellen. Dabei geraten dal Carlo und seine Sekretärin immer mehr ins Visier ihrer Ermittlungen. Die rächen sich, indem sie der Wohnung von Brunetti wenig Chancen auf ein Weiterbestehen einräumen. (San Marco 3886, Corte de l'Albero)

Ospedale Civile (D2)

Im Ospedale Civile wird Brunetti mitgeteilt, dass Signore Rossi bereits verstorben ist. Der inkompetente Arzt kann ihm nicht erklären, warum Rossi statt auf der Intensivstation in der Orthopädie behandelt wurde.

Später verspricht ihm Brunetti darüber Stillschweigen zu bewahren, wenn er Signorina Baresi, die sich momentan wegen ihrer Bisswunde behandeln lässt, bis zum Eintreffen der Polizei in der Klinik behält. (Castello, Campo Santi Giovanni e Paolo)

Der Haupteingang des Ospedale Civile

Wohnung von Signor Rossi im ersten Stock

Wohnung von Signor Rossi (B2)

Brunetti und Vianello inspizieren Rossis Wohnung und unterhalten sich auf der Brücke davor mit einem Nachbarn, der ein freundliches zurückgezogenes und extrem höhenängstliches Bild von Signor Rossi zeichnet. (Santa Croce 2160, Calle de Ca' Bonvicini)

Jugendliche rauchen einen Joint (B3)

Mit wachsender Besorgnis beobachtet der Commissario mehrere, sich um ihren Verstand rauchende Jugendliche; sieht er doch in seinen schlimmsten Phantasien die halbwüchsige Chiara bereits an der Nadel hängen. (Ca' Foscari, Dorsoduro 3246, Calle de Ca' Foscari)

Vor Brunettis Wohnung (C2)

Raffi versucht seinen Vater von der Sinnlosigkeit zu überzeugen, Chiara vor Drogen schützen zu wollen, indem er sie nicht in die Disco gehen lässt, da man sich auch in der Schule mit Stoff versorgen könne.

Von nächtlichen Alpträumen gequält verlässt Brunetti einige Tage später schon frühmorgens das Haus, um sich mit einer unbestimmten Ahnung zu Rossis Absturzort zu begeben. (Cannaregio 3586A, Fondamenta de la Misericordia)

Ristorante Cantinone Storico (B4)

Im Ristorante Cantinone Storico mit seinen direkt an der Kanalmauer gelegen Tischen lassen sich der Commissario und sein Telefonino leckere Pasta schmecken. (Dorsoduro 661, Fondamenta di Ca' Bragadin)

Fitnessstudio von Vianello (C4)

Brunetti begleitet Vianello zum Fitnessstudio in der Absicht, mit ihm zu trainieren. Beim Anblick der schweißglänzenden, erschöpften Gesichter überlegt er es sich anders und überlässt Vianello alleine seinem selbst gewählten Schicksal.

In realtà ist hier ein Loft für Wechselausstellungen angesiedelt. (Dorsoduro 261, Fondamenta Zattere al Saioni)

Die Volpatos im Roten Café (B3)

Vor dem Buchladen am Campo Santa Margherita zeigt Signorina Elettra dem Commissario das Wuchererehepaar Volpato, das im nahegelegenen Roten Café seine üblen Geschäfte mit der Angst ihrer Kunden vor Immobilienverlust abwickelt. (Dorsoduro 2963, Campo Santa Margherita)

Ristoteca Oniga (B4)

Vice-Questore Patta bestellt Commissario Brunetti in eine Bar am Campo San Barnaba. Dort wartet er mit seinem sehr zerknirschten Sohn Roberto, der wegen Drogengeschäften in die Bredouille gekommen ist, aus der ihm Brunetti heraus helfen soll. (Dorsoduro 2852, Campo San Barnaba)

Die Volpatos im Albergo Bel Sito (C4)

Vianello, wie meistens derzeit sportlich gewandet, beobachtet zufällig auf der Terrasse des Ristorante Bel Sito das Ehepaar Volpato in offenkundigem Streit mit dal Carlo. (San Marco 2517, Campo Santa Maria del Giglio)

Stammbar der Polizisten (E3)

In ihrer Stammbar berichtet Vianello dem Commissario von seinem Erlebnis mit den Volpatos, bei denen er in Brunettis Auftrag als reuiger Schuldner um einen Kredit gebeten hat. Den würde er tatsächlich morgen bekommen, sollte er mit der Besitzurkunde seiner Wohnung noch einmal hinge-

Die Bar ist mittlerweile mit grünen Fensterläden verrammelt

hen. Ein Bild der Heiligen Rita, der Schutzpatronin für hoffnungslose Fälle, hat er gleich mitbekommen …
(Trattoria dal Vecio Squeri, Castello 3210, Campo de le Gate)

In realtà befindet sich die Trattoria mittlerweile am Campo de Santa Giustina detto de Barbaria.

Wohnung von Signorina Baresi (B3)

Gerade noch rechtzeitig verhindert Brunetti in der Wohnung von Signorina Baresi eine weitere Bluttat. Vom Campo aus beobachtet er und Vianello den Abtransport des Verletzten mit einem Ambulanzboot und die Verhaftung der Signorina. (San Polo 3006, Campo dei Frari)

Die Wohnung befindet sich im ersten Stock des Eckgebäudes.

Vaporetto-Anleger Samuele (B3/4)

Von ihren Eltern bis zur Vaporetto-Station San Samuele begleitet, darf Chiara nach langem Zaudern ihres Vaters doch in die Disco fahren, nicht ohne dass der ihr davor das Bildchen mit der Heiligen Rita in die Hand gedrückt hat.

7. Film:
Sanft entschlafen

*Im Ospedale Civile kämpft
Maria Testa um ihr Leben.*

7. Film: Sanft entschlafen

Ausgerechnet im ordensgeführten Seniorenheim von Brunettis Mutter häufen sich die Todesfälle, und als die junge Nonne Immaculata die Leiche von Signor Lerini entdeckt, wendet sie sich – mittlerweile weltlich gewandet – mit einem ungeheuerlichen Verdacht an den Commissario. Der mag erst nicht so recht glauben, dass im Orden dem Tod der Alten nachgeholfen wurde, um an deren Erbe zu gelangen, wird aber schnell eines Besseren belehrt: Maria Testa – ehemals Schwester Immaculata – wird auf dem Lido von einem Bus angefahren und lebensgefährlich verletzt ins Krankenhaus eingeliefert, woraufhin Brunetti mit Hochdruck seine Ermittlungen in Kirchenkreisen voran treibt.

Dank der Hilfe von Signorina Elettra findet er heraus, dass der unnahbare Ordensvorgesetzte und Beichtvater von Schwester Immaculata der straff geführten dubiosen Geheimorganisation Opera Pia angehört und auch schon mal mit der Polizei in Berührung gekommen ist.

Gemeinsam mit Vianello führt der Commissario die Befragung der Angehörigen aller im Heim Verstorbenen durch: Der Bruder von Signora da Prè ficht ihr Testament an, in dem sie ihr gesamtes Vermögen an die Kirche vermacht hat. Kurz darauf fällt er einem als Unfall getarnten Mord zum Opfer. Die Tochter des jüngst gestorbenen Signor Lerini hingegen ist so bigott, dass an ihrer Aussage sowie ihrer geistigen Gesundheit gezweifelt werden darf.

Auf Druck seiner Familie, die sich um die Sicherheit seiner Mutter sorgt, holt Brunetti diese gegen ihren erbitterten Widerstand für ein paar Tage zu sich nach Hause. Außerdem verstärkt er den Polizeischutz für Maria Testa in der richtigen Annahme, dass sie sich aufgrund ihres Wissens um die Vorkommnisse im Heim in Lebensgefahr befindet. So muss er nur an ihrem Bett wachen, bis sich ihm die wahren Schuldigen und deren willfährige Helfer präsentieren ...

Vice-Questore Patta ärgert sich in der Zwischenzeit mit dem permanent Schokolade essenden Schweizer Austauschkommissar Brauchli herum, der viel lieber bei den Ermittlungen hilft, als das Besuchsprogramm von Patta zu absolvieren. Ein verdorbener Opernabend, an dem Brauchli eingeschlafen war, gibt Patta den Rest, und er vertraut ihn der Obhut von Brunetti und Vianello an.

Nicht nur dienstlich, sondern auch privat muss sich Brunetti mit der Kirche auseinandersetzen. Seine Tochter Chiara entwickelt sich zur Musterschülerin in Religion, hört spirituelle Musik und interessiert sich auffallend für geistliche Themen, was laut ihrem bösartigen Bruder nur an dem gut aussehenden Religionslehrer liegt. Wie recht er hat, zeigt sich, als Chiara von der sexuellen Orientierung ihres Lehrers erfährt.

Garten des Altenheims von Brunettis Mutter (B4)

Die junge Ordensschwester Immaculata findet den toten Signor Lerini, scheinbar schlafend im idyllischen Garten seines Altenheimes. Die Schwester Oberin scheint darob nicht sehr bestürzt zu sein; die junge Nonne umso mehr, so dass sie gleich ihre Schwesterntracht an den Nagel hängt, nicht ohne zuvor heimlich die Krankenakte des Verblichenen entwendet zu haben.

Brunettis Mutter reagiert argwöhnisch auf die Fragen ihres Sohnes bezüglich der jüngsten Todesfälle. Viel Zeit hat sie allerdings nicht für ihn, da sie sich zwecks Aufbesserung ihres Taschengeldes zum Pokern verabredet hat. Nur mühsam kann Brunetti sie überreden, für einige Zeit bei ihm zu wohnen.

Nach Aufklärung der Todesfälle bringt er sie wieder zurück ins Heim, wo sie im Park schon von ihrem Damenkränzchen

empfangen wird und es kaum erwarten kann, ihre Neuigkeiten haarklein zu berichten.

Inzwischen verhilft die reuige Schwester Oberin dem Commissario zu einem Termin bei „seiner Eminenz", der kirchlichen Gerichtsbarkeit.

Schwester Immaculata kehrt zu Brunettis Verwunderung und zur Freude seiner Mutter in den Schoss ihres Ordens zurück, und der Friede im Heim ist wieder hergestellt. (San Marco 3075, Ramo Malipiero)

Maria Testa in der Kirche (D2, E3)

Schwester Immaculata alias Maria Testa sucht ihre aufgewühlte Seele in der kontemplativen Stille einer Kirche zu beruhigen, wird jedoch durch das Auftreten einer Ordenskollegin jählings vertrieben.

Die Chiesa dei Gesuiti (D2) *In der Chiesa San Francesco de la Vigna (E3)*

In realtà handelt es sich beim Innenraum der Kirche um die Chiesa San Francesco de la Vigna in Castello. Die Außenaufnahmen zeigen die Chiesa dei Gesuiti in Cannaregio.

Maria Testa wird angefahren (Lido)

An der Bushaltestelle gegenüber den Vaporetto-Stationen auf dem Lido wird Maria Testa von einem Bus angefahren und verletzt. Wurde sie gestoßen oder war es nur die Unachtsamkeit der tief in ihre Gedanken versunkenen Ex-Nonne? (Lido, Riviera Santa Maria Elisabetta)

Ospedale Civile (D2)

Brunetti und Vianello rasen mit dem Polizeiboot ins Ospedale Civile, um sich nach der im Koma liegenden Maria Testa zu erkundigen und sie unter polizeilichen Schutz zu stellen – eine Aufgabe, die Sergente Alvise nicht zu des Commissarios Zufriedenheit erledigt. Von daher schiebt Brunetti selber Wache und kann tatsächlich Schlimmes verhindern. (Castello, Campo Santi Giovanni e Paolo)

In realtà handelt es sich tatsächlich um das Ospedale Civile und nicht, wie im Film erzählt, um das Ospedale Giustinian.

Im Kreuzgang der Chiesa San Francesco de la Vigna

Kloster von Padre Pio (E3)

Im Kreuzgang seines Klosters spricht der Commissario mit Padre Pio, dem Ordensvorsitzenden und Beichtvater von Schwester Immaculata über den „bedauerlichen Unfall" und die „lebhafte Phantasie" der jungen Ordensschwester. Der zweite Besuch Brunettis dreht sich um den Pater höchstselbst, der allen Grund zur Beichte hätte …

Doch er bereut selbst dann nicht, als Brunetti ihm gemeinsam mit der Schwester Oberin seinen neuen lebenslangen Arbeitsplatz „schmackhaft" macht: eine Gefängnisinsel mit Hochsicherheitstrakt, auf der er seiner Profession als Beichtvater für die „mit großer Schuld Beladenen" weiterhin nachgehen kann. (Castello, Chiesa San Francesco de la Vigna, *Bild vorherige Seite*)

Auf dem Rialtomarkt

Brunetti auf dem Markt (C2)

Auf dem Nachhauseweg kauft der Commissario am Rialtomarkt noch rasch ein halbes Kilo Puntarelle ein, mittlerweile eine teure Spezialität. Zu Brunettis Jugendzeiten wurde Löwenzahn eher als Kaninchenfutter verwendet.

Wohnung von Signor da Prè (A4)

Geschickt erschleicht sich Vianello das Vertrauen des leidenschaftlichen Schnupftabakdosensammlers und Bruders der verstorbenen Signora da Prè. Der interessiert sich weniger für die Umstände ihres Todes in dem in Verruf geratenen Altenheim als vielmehr für die Anfechtung des Testaments.

Kurz darauf wird Signor da Prè durch einen vorgetäuschten Badezimmerunfall unsanft ins Jenseits befördert. (Palazzo Ca' Zenobio, Dorsoduro 2597, Fondamenta del Soccorso)

Ristorante Riviera (A4)

Während Brunetti und Vianello am Canale della Giudecca ihr wohlverdientes Mittagessen bei einem Gläschen Wein genießen, schippern Patta und der Schweizer Austauschkommissar Brauchli an ihnen vorbei. (Dorsoduro 1473, Fondamenta Zattere al Ponte Longo)

Bevorzugtes Lokal des Schweizer Kommissars Brauchli (A3)

Brauchli kann den Vice-Questore nur mühsam überreden, hier in der hübsch gelegenen indigenen Trattoria zu speisen, anstatt, gemeinsam mit den Honoratioren der Stadt, in Pattas Club. (Hostaria Venexiana, Santa Croce 285, Fondamenta Pagan)

Pathologisches Institut (A3)

Brunetti, Vianello und Doktor Brauchli statten dem Chefpathologen Aurino einen Besuch in der Rechtsmedizin ab, verschwinden aber schleunigst, als der sich anschickt, Signor da Prè vor ihren Augen aufzusägen. (Dorsoduro 3494A, Fondamenta San Marco)

In der Biblioteca Marciana

Biblioteca Marciana (D3/4)

Im altehrwürdigen Lesesaal einer Bibliothek stößt Brunetti bei seiner Zeitschriftenrecherche immer wieder auf herausgetrennte Artikel und fehlende Seiten. Offensichtlich eine Fleißarbeit der streng katholischen Organisation Opera Pia, die sich berufen fühlt, ihr unliebsame Berichte zu konfiszieren. (San Marco 7, Piazzetta San Marco, *Bild vorherige Seite*)

Chiara trifft Don Luciano (C3)

Brunetti und seine Mutter beobachten vom Vaporetto aus, wie Chiara angeregt mit einem jungen Geistlichen, ihrem Religionslehrer parliert. Der wird kurz darauf von einem jungen Mann abgeholt und verlässt händchenhaltend mit ihm die Szenerie. Zurück bleibt eine verwirrte Chiara, die sich von ihrem Lehrer mehr als nur religiösen Beistand erhofft hatte. (San Polo, Riva del Vin, Ecke Rio Terà San Silvestro)

7. Film: Sanft entschlafen

Brunetti bei seiner Eminenz (C3)

Der Commissario begibt sich in das am Markusplatz gelegene Büro seiner Eminenz zu einer vertraulichen Unterredung, bei der selbst die Filmzuschauer nicht hören dürfen, worum es sich handelt. Sie erfahren jedoch kurze Zeit später gemeinsam mit Padre Pio den Inhalt des Gesprächs. (San Marco 88, Piazza San Marco)

8. Film:
Acqua alta

Hochwasser vor dem Dogenpalast

8. Film: Acqua alta

Die Warnung an die amerikanische Archäologin Brett Lynch ist schmerzhaft und unmissverständlich: Wenn ihr ihr Leben lieb ist, darf sie sich auf keinen Fall mit dem Museumsdirektor Dottor Semenzato treffen. Dermaßen eingeschüchtert verbietet Brett ihrer Freundin Flavia Petrelli, sich an die Polizei zu wenden, was diese selbstverständlich ignoriert. Signora Lynch hatte eine China-Ausstellung in Venedig organisiert und bei der Rückgabe der Exponate feststellen müssen, dass zwei antike Keramiken durch professionelle Fälschungen ersetzt worden waren.

Brunetti, der die beiden Frauen bereits seit dem Tod des Stardirigenten Wellauer kennt, befragt seinen alten Freund Lele Cassato über dessen Meinung zu Dottor Semenzato. Der integre Kunsthändler findet schnell heraus, dass der angesehene Museumsdirektor nebenbei als stiller Teilhaber im Antiquitätenhandel des Signor Murino tätig ist.

Eine Befragung zu diesem pikanten Geschäftsmodell ist nicht mehr möglich, da Dottor Semenzato in seinem Büro ermordet wird – ein Schicksal, das kurz darauf auch Signor Murino ereilt.

Signorina Elettras scharfe Augen identifizieren die schemenhafte Gestalt in der Überwachungskamera des Museums als – aufgrund seiner zuschlagenden Art – polizeibekannten Sohn des exzentrischen Kunstsammlers La Capra aus Palermo. Signor La Capra ist mit seiner Sammlung ins vermeintlich sichere Venedig gezogen und verkehrt in ähnlichen gesellschaftlichen Kreisen wie Vice-Questore Patta – ein Umstand, der allein schon Brunettis Misstrauen schürt. Wirklich dramatisch wird es, als Brett in La Capras Gemächern mit dem irren Hausherrn fachliche Gespräche führen muss und ihr dabei das Lieblingsstück seiner Sammlung „aus der Hand rutscht". Mittlerweile befinden sich Flavia, Brunetti und Vianello bereits fieberhaft auf der Suche nach ihr …

Neben dem permanenten Hochwasser und Dauerregen gefährdet auch die kaputte Heizung in der Questura die Gesundheit der Mitarbeiter. Vianello versucht sich als Heizungsinstallateur und verwandelt Brunettis Büro abwechselnd in eine Sauna und eine Kältekammer bis sich Signorina Elettra des geplagten Commissarios erbarmt und Handwerker ins Haus holt.

Mehr Geschick beweist Brunetti als hartgesottener Chirurg, der seiner Tochter beherzt ein Loch in den Zehennagel lötet, um das darin gestaute Blut herausfließen zu lassen. Chiara war bei der von ihrem Vater mit Skepsis verfolgten „Verschönerungsaktion" in ihrer Wohnung ein Tisch auf die Zehen gefallen.

Überfall auf Brett Lynch (C2)

Nach einem augenscheinlich feucht-fröhlichen Abend wird Brett Lynch auf dem gottverlassenen Fischmarkt brutal zusammengeschlagen, als nachdrückliche Warnung, am nächsten Tag auf keinen Fall zu Dottor Semenzato zu gehen. Wenig später wird sie von ihrer geschockten Freundin Flavia Petrelli gefunden, die sie nur kurz alleine gelassen hatte. (San Polo, Pescaria)

Ein schöner Treppenaufgang am Fischmarkt

Murino und Semenzato im Hafen (F3)

Bei der Anlieferung neuer Waren droht der aufgebrachte Dottor Semenzato seinem Kollegen Murino mit der Kündigung ihrer Geschäftskontakte, wenn der nicht endlich seinen Zahlungsverpflichtungen nachkommt. Ihr Streit wird durch einen Anruf La Capras, der ungeduldig auf seine Bestellung wartet, beendet. (Castello, Arsenale, Darsena Nuovissima)

Acqua Alta (C2)

Während er durch das kniehohe Hochwasser watet, versorgt der Kunsthändler Lele seinen Freund Brunetti telefonisch mit brisanten Informationen über die stille Teilhabe Semenzatos an Franco Murinos Antiquitätengeschäft.

Kurze Zeit später empfängt Vianello an derselben Stelle den in Plastiktüten beschuhten Commissario mit einem Paar neuer Gummistiefel. (Cannaregio, Fondamenta Grimani)

links: Blick vom Campanile der Chiesa San Giorgio Maggiore über die Dächer Venedigs zum „Hafen" im Arsenale

Antiquitätengeschäft von Signor Murino (B3)

Brunetti und Vianello befragen den wortkargen Signor Murino in seinem Antiquitätenladen über dessen geschäftliche Beziehungen zum jüngst getöteten Museumsdirektor Dottor Semenzato.

Bei ihrem nächsten Besuch ist Signor Murino komplett verstummt – die beiden Polizisten finden ihn leblos in seinem Laden liegend vor. (San Polo 2867, Campo San Tomà)

Palazzo von Signor La Capra (A4)

Offiziell um seine wertvolle Sammlung besorgt machen Brunetti und Vianello ihre Aufwartung in dem feudalen, von Sicherheitspersonal bewachten Palazzo des exzentrischen Kunstliebhabers La Capra. Der scheint die vermeintlichen Bedenken genauso wenig ernst zu nehmen wie die Beamten selbst. (Palazzo Ca' Zenobio, Dorsoduro 2597, Fondamenta del Soccorso)

Der Palazzo von Signor La Capra
unten: das Tor zu dem Palazzo

Am westlichen Ende des Campo Santa Maria Formosa

Brunetti mit einer Architektin auf dem Campo Santa Maria Formosa (D3)

Auf dem Campo unterhält sich Brunetti mit der Architektin, die La Capras Palazzo komplett in einen Hochsicherheitstrakt umgewandelt hat. Anscheinend versuchte sein Sohn in sizilianischer Manier, die umfangreichen Arbeiten durch Androhung von Gewalt zu beschleunigen. (Castello, Campo Santa Maria Formosa)

Vor der Wohnung von Brett Lynch und Flavia Petrelli (A4)

Kaum verlässt Flavia ihre gemeinsame Wohnung, erhält Brett einen bedrohlichen Anruf: Flavia ist in Gefahr, wenn Brett sich nicht unverzüglich auf den Weg zu dem mysteriösen Anrufer begibt. Brett schickt den sie bewachenden Polizisten unter einem Vorwand weg und wird von zwei finsteren Herren zu Signor La Capra gebracht.

Mittlerweile eilen Brunetti und Flavia bei strömendem Regen zur Wohnung der beiden Frauen, um entsetzt festzustellen, dass Brett nicht zu Hause ist, aber eine beunruhigende Nachricht hinterlassen hat. Brunetti ahnt, wo Brett zu finden ist und macht sich, unbemerkt gefolgt von Flavia, auf den Weg zu La Capras Palazzo, wo Vianello schon auf ihn wartet. (Palazzo Ca' Zenobio, Dorsoduro 2596, Fondamenta del Soccorso)

Vor der Wohnung von Brett Lynch und Flavia Petrelli

Ristorante Quadri (D3)

Brunetti trifft sich mit Flavia vor ihrer Abreise im Quadri und bringt ihr die beiden kostbaren chinesischen Vasen aus Signor La Capras Vermächtnis mit. Im Gegenzug erhält er von Flavia die Kopien der selbigen als Geschenk von Brett Lynch. Eine der vier Vasen überlebt nicht lange … (San Marco 120, Piazza San Marco)

9. Film:

Beweise, daß es böse ist

Wie eine Banane krümmt sich die Giudecca mit ihrem berühmten Hotel Cipriani.

9. Film: Beweise, daß es böse ist

Kaum ist der Commissario einmal in Urlaub, will Vice-Questore Patta zu Hause flugs einen Mord aufgeklärt haben. Brunetti kann es nicht wirklich glauben, und spätestens, als die attraktive Signora Gismondi bei ihm aufkreuzt, werden Pattas und Sergente Alvises kriminalistische Höhenflüge ad absurdum geführt.

Signora Gismondi ist die Nachbarin der erschlagenen Signora Battestini und kann für die des Mordes an ihrer Chefin bezichtigte rumänische Putzfrau Florinda ein einwandfreies Alibi beibringen. Leider kann Florinda nicht mehr aussagen, da sie bei ihrer Flucht vor den Polizisten tödlich verunglückt ist.

Gemeinsam mit Vianello nimmt sich Brunetti der Sache an und erfährt, dass fast alle, die Signora Battestini kannten, ein Mordmotiv hätten, derart verhasst war die unsympathische und rücksichtslose alte Dame bei ihren Nachbarn. Außerdem verfügte sie über mehrere Konten, auf die regelmäßige Einzahlungen verbucht wurden, wodurch sich dort im Lauf der Jahre ein beträchtliches Vermögen angesammelt hatte.

Battestinis Anwältin Roberta Marieschi reagiert äußerst reserviert auf alle Fragen die Finanzen ihrer Mandantin betreffend. Fakt ist, dass die Konten leergeräumt wurden, bevor die rechtmäßige Erbin Graziella Simionato auch nur einen Cent davon gesehen hat.

Das Rätsel um die mysteriösen Einzahlungen bleibt lange ungelöst, so dass Florindas Sohn Gabriel dem Vice-Questore gegenüber zu drastischen Mitteln greifen muss, um die Ermittlungen zu forcieren und den Ruf seiner Mutter posthum wiederherzustellen.

Dermaßen eingeschüchtert ist Patta Brunettis Überredungskünsten nicht mehr gewachsen und genehmigt seinem Commissario die offizielle Wiederaufnahme des Falles.

Der präsentiert ihm kurz darauf die überraschende Lösung, zu der ihm die heilige Mutter Maria verholfen hat ...

Wahre Charakterstärke beweist Patta hingegen, als er erfährt, dass ihm sein heiß ersehnter Ehrendoktortitel nur gegen eine „großzügige Spende" an die Universität verliehen wird. Kaufen lässt sich selbst der geltungssüchtige Vice-Questore nicht!

Weitaus weniger gefasst zeigt sich da Brunetti angesichts traditioneller japanischer Küche und amouröser Abenteuer seines Sohnes mit der exotischen Aiko.

Haus von Signora Battestini (B4)

Mörderisches Geschrei dringt aus dem Haus und eine blutige Hand ragt aus dem geöffneten Fenster im ersten Stock.

Ein Mann eilt zu Hilfe und schaltet den Fernseher als Verursacher des Lärms aus. Die blutige Hand samt getöteter Signora ist leider echt.

Drei Tage später kehrt ihre Nachbarin, Signora Gismondi, aus Paris zurück und erfährt, dass die unbeliebte Signora Battestini von ihrer Putzfrau Florinda mit

Die Wohnung von Signora Battestini liegt im ersten Stock des gelben Hauses.

einem Kerzenleuchter erschlagen worden sei. Als Florindas Sohn Gabriel seine Mutter besuchen will, trifft er auf Graziella Simionato, Signora Battestinis Nichte, die ihm hasserfüllt entgegenschleudert, dass Florinda tot und zudem eine Mörderin sei.

Kurze Zeit später dringt Commissario Brunetti in die versiegelte Wohnung ein, während Vianello vor dem Haus Passanten zu der Verstorbenen befragt.

Ziemlich nahe kommt Brunetti der Lösung des Falls, als er bei einer weiteren Begutachtung der Wohnung brisantes Material in einem raffinierten Versteck vorfindet … (Dorsoduro 3105, Fondamenta del Squero)

Tod von
Florinda Ghiorgiu (A3)

Ein Trupp uniformierter Beamter marschiert am Bahnhof auf, um eine junge Frau, Florinda Ghiorgiu, in Empfang zu nehmen. Die rennt aus Panik davon, verfolgt von den Polizisten, und stürzt beim Versuch, eine Absperrung zu überwinden, in den Tod.

Ihr trauernder Sohn legt dort einige Tage später einen Strauß Blumen zum Gedenken an seine Mutter nieder. (Santa Croce, Calle dietro ai Magazzini, Ponte Sant'Andrea)

9. Film: Beweise, daß es böse ist

Flughafen Marco Polo

Nach ihrem kulinarisch nicht ganz einfachen Urlaub in London wird Familie Brunetti von Sergente Vianello und Brunettis Mutter am Flughafen abgeholt. Während Vianello Brunetti bereits auf den neuesten Stand bringt, warten die restlichen Familienmitglieder auf Chiaras japanische Brieffreundin. Besonders Raffi blüht bei Aikos Anblick sichtlich auf, und gemeinsam brausen alle mit dem Taxiboot zurück nach Venedig.

Vor Brunettis Wohnung (C2)

Das Taxiboot liefert die Brunettis samt Anhang direkt vor ihrer Haustüre ab. Alarmiert durch Vianellos Neuigkeiten, dass Vice-Questore Patta angeblich einen Mord aufgeklärt habe, zieht es Brunetti vor, gleich weiter in die Questura zu fahren. (Cannaregio 3586A, Fondamenta de la Misericordia)

Kanzlei der Avvocatessa Marieschi (D3)

Gabriel passt Signora Marieschi vor ihrer Kanzlei ab, um sie zum Tod seiner Mutter zu befragen. Die kann und will ihm nicht weiterhelfen und schickt ihn zu Vice-Questore Patta. Doch Gabriel kommt wieder, fordert vergeblich die Hilfe der Anwältin ein, da seiner Meinung nach die Polizei seine Mutter umgebracht hat.

Zuvor musste die Anwältin bereits die Hoffnung von Signora Battestinis Nichte auf eine rasche Auszahlung ihres Erbes enttäuschen. (Castello 3703A, Calle de la Pietà)

Die schmale Calle de la Pieta führt an der Kanzlei der Anwältin Marieschi vorbei.

Die Fondamenta dei Mori

Raffi bringt seine Oma nach Hause (C1)

Raffi bringt seine Oma nach Hause, die dem zögerlichen Enkel Nachhilfeunterricht in Herzensgelegenheiten erteilt: Seine angebetete Aiko verlässt in zwei Tagen Venedig, so dass Raffi keine Zeit mehr zu verlieren hat, und die Oma präsentiert sich als lebendiger Beweis, dass Liebe auf den ersten Blick von Dauer sein kann. (Cannaregio, Fondamenta dei Mori, *Bild vorherige Seite*)

Befragung der Avvocatessa Marieschi (E4)

Nur wenig Zeit schenkt Signora Marieschi dem Commissario und Vianello, die sich für ihr Tätigkeitsfeld bei der ermordeten Signora Battestini interessieren. Kurz angebunden, vor allem bezüglich der Vermögensangelegenheiten, verlässt die Juristin auffallend abrupt das Straßencafé, so dass Vianello sein Tiramisu alleine unter den Augen des neidischen Commissario verspeisen muss. (Bar Angìo, Castello 2144, Riva San Biagio)

9. Film: Beweise, daß es böse ist

Gabriel Nicolescu beim Waffenkauf (E2)

Ein grimmig dreinblickender Bursche übergibt Gabriel im Schutz des abgelegenen Gasometers eine Pistole, die er sich teuer bezahlen lässt. (Castello, Fondamenta Santa Giustina)

Bäckerei der Graziella Simionato (B1)

An ihrem Arbeitsplatz, einer Bäckerei in Cannaregio plaudern Brunetti und Vianello mit Graziella Simionato über die finanziellen Verhältnisse ihrer verstorbenen Tante.

Die Nichte gerät außer sich, als sie erfährt, dass die Konten aufgelöst wurden und das Geld auf die Kanalinseln transferiert wurde. Außer ihr besaß nur noch Anwältin Marieschi eine Bankenvollmacht … (Cannaregio 2712, Fondamenta dei Ormesini)

Die Brunettis im Ristorante des Hotels Cipriani (D5)

Dieweil der Commissario zu Hause ratlos auf einen Teller Sushi blickt, isst sich seine Familie mit leckeren Spaghetti auf der Terrasse des Ristorante satt. Sehr zum Missfallen von Chiara hilft ihre Oma Raffi weiterhin in Liebesdingen auf die Sprünge und spendiert Aiko und ihm mal eben Opernkarten für den Abend.

Nota bene: In den Romanen von Donna Leon pflegt Vice-Questore Patta im Sommer gerne am hoteleigenen Swimmingpool sein Mittagsmahl einzunehmen. (Giudecca, Fondamenta San Giovanni 10)

Schulbehörde (C2)

Auch Vianello kam in den Genuss eines köstlichen Mittagessens, liebevoll zubereitet von seiner Frau, doch der mit Sushi alleine gelassene Commissario unterbricht unwirsch die weiteren Ausführungen seines Kollegen. Stattdessen begeben sie sich in die Schulbehörde, um sich bei dem Leiter Dottor Trotti nach Signora Battestinis Sohn Paolo zu erkundigen. Trotti gibt sich auffallend ahnungslos. (Cannaregio 2386, Fondamenta Diedo)

Nota bene: In der Verfilmung von „Lasset die Kinder zu mir kommen" ist in diesem Gebäude die Staatsanwaltschaft untergebracht.

Patta im Geschäft für Herrenkonfektion (C2)
Durchs Schaufenster eines Herrenausstatters beobachten Brunetti und Vianello amüsiert, wie sich ihr eitler Vice-Questore verschiedene Doktorhüte aufsetzen lässt. (Cannaregio 2239, Strada Nova)

Der Haupteingang des Teatro La Fenice

Teatro La Fenice (C3)

Statt sich mit Aiko den Parzival von Wagner zu geben, verkauft Raffi kurzerhand die Opernkarten und lädt zu einer romantischen Gondelfahrt bei Nacht ein. Seine Oma wäre stolz auf ihren Enkel! (San Marco 2549, Campo San Fantin)

Brunetti und Alvise auf Konfrontation (A3)

Beim zufälligen Zusammentreffen auf der Brücke bemüht sich Sergente Alvise vergeblich, den Commissario von der Wiederaufnahme des Falles abzubringen, indem er dessen Zeugin Signora Gismondi verunglimpft. Brunetti verwahrt sich entschieden gegen die ungebetenen Ratschläge seines Untergebenen. (Dorsoduro, Ponte Briati)

Blick aus Pattas Büro im Palazzo Ca' Zenobio auf die Ponte Briati

Innenhof von Paolas Universität (C2)

Der Vice-Questore und sein „Leibwächter" Alvise eilen in die Universität, wo Patta gleich mit zwei schrecklichen Geschehnissen konfrontiert wird: Vom Dekan der Uni erfährt er, dass er sich seinen heiß ersehnten Ehrendoktortitel in Form einer großzügigen Spende verdienen muss. Danach versagt Alvise kläglich, als Patta und er von Gabriel mit einer ungeladenen Pistole bedroht werden. (Cannaregio 4942A, Fondamenta de Santa Caterina, *Bild nächste Seite*)

Innenhof von Paolas Universität

Brunetti und Vianello im Roten Café (B3)

Patta verarbeitet das Attentat mit Hochprozentigem und ist soweit geläutert, dass er dem Commissario genehmigt,

den Fall neu aufzurollen. Im Gegenzug bewahrt Brunetti der Presse gegenüber Stillschweigen bezüglich peinlicher Ermittlungspannen wie den „Verlust" der 700 Euro aus Florindas Reisekasse. (Dorsoduro 2963, Campo Santa Margherita)

Wohnung der Signora Gismondi (B4)

Höchstpersönlich begibt sich der Commissario zu seiner wichtigsten Zeugin Signora Gismondi, um ihr von der Aufklärung des Mordes an Signora Battestini zu berichten und sich inbrünstig für ihre tatkräftige Mithilfe zu bedanken (Augenscheinlich hätten beide nichts gegen eine weitere Zusammenarbeit einzuwenden …). (Dorsoduro 2832, Fondamenta Gherardini)

Die Brunettis im Ristorante Il Migliore (C1)

Endlich darf sich auch der Familienvater im Kreise seiner Lieben wieder an der vorzüglichen italienischen Küche eines venezianischen Ristorante erfreuen, nachdem die japanische Sushi-Köchin

ihre Heimreise angetreten hat. Ob der Commissario ihre Einladung nach Japan annehmen wird, bleibt offen. (Cannaregio 2577, Fondamenta de la Misericordia)

10. Film:

Verschwiegene Kanäle

Gegenüber der Chiesa dei Miracoli wohnt Signora Moro.

Eingang zur Militärakademie

10. Film: Verschwiegene Kanäle

Der vermeintliche Selbstmord von Ernesto Moro führt Brunetti und Vianello in die straff organisierte Militärakademie San Martino.

Den Beamten geht der Drill in der „Kaderschmiede", in der die Schüler Kadetten, und die Zimmer Stuben genannt werden, eindeutig zu weit. Außerdem versucht der Leiter der Einrichtung, Commandante Toscano, offensichtlich, die Ermittlungen zu behindern.

Wie gut, dass Raffi, der gerade ein Praktikum bei seinem Vater absolviert, sich auf Augenhöhe mit den gleichaltrigen Kadetten unterhalten kann und dabei Interna aus der Akademie erfährt.

10. Film: Verschwiegene Kanäle

Die Eliteschule wird von Söhnen hochrangiger Persönlichkeiten besucht, und der einstige, als äußerst aufrecht bekannte Politiker Fernando Moro ist der Vater des verstorbenen Ernesto. Er zog sich überraschend aus der Politik zurück, als seine Frau bei einem angeblichen Jagdunfall schwer verletzt wurde.

Der gewalttätige Kadett Enzo Filippi ist der Spross des Inhabers einer ehemaligen Rüstungsfirma, der vom damaligen Staatssekretär im Verteidigungsministerium und jetzigem Leiter der Militärakademie Toscano mit Aufträgen versorgt wurde. Ein von Fernando Moro ins Leben gerufener Ausschuss zur Erhellung der Vergabepraxis von Aufträgen durch das Verteidigungsministerium wurde nach dessen Rücktritt aufgelöst.

Das riecht nach Korruption und Mord, doch Fernando Moro sieht sich nicht in der Lage, seinen Beitrag zur Aufklärung zu leisten. Wieder ist es Raffi, dessen Beharrlichkeit es zu verdanken ist, dass nicht nur die Marionetten, sondern auch deren Strippenzieher zur Rechenschaft gezogen werden können.

Der Vice-Questore quält sich indessen mit der Frage, ob ihm Mord oder Selbstmord lieber wäre. Beides wirft ein schlechtes Licht auf die ehrwürdige Zuchtanstalt. Aber für die Kriminalitätsstatistik, die Brunetti noch nebenbei frisieren muss, wäre ein Suizid natürlich vorteilhafter. Zu Pattas Kummer bleiben ihm selber höhere militärische Weihen verschlossen, da er doch nicht zu einer geplanten Wehrübung eingezogen wird.

Auch Vianello begräbt seinen eifrig verfolgten Plan, ein kriminalhistorisches Museum zu eröffnen: Bis auf einen Schweinetrog hat er keine weiteren Corpora delicti gefunden.

Eingang zur Militärakademie (E3)

Schlaftrunken schlurft ein junger Kadett die langen Flure der Militärakademie entlang, als er schlagartig erwacht: Im Spiegel des Waschraumes erblickt er die am Rohr baumelnde Leiche eines Kameraden.

Kurz darauf treffen Brunetti und Vianello am Ort des Geschehens ein, empfangen vom arroganten Kadetten Filippi und dem nur um Nuancen höflicheren Schulleiter, Commandante Toscano. Unter dessen wachsamen Augen und Ohren befragen die Beamten die Schulklasse und der gestrenge Toscano gewährt dem Commissario nur wenig Zeit für ein Vieraugengespräch mit dem verschüchterten Belcredi, der den erhängten Ernesto Moro gefunden hat. Zurück in der zivilen Welt vor den Toren der Akademie gestehen sich die Beamten gegenseitig ihre Zweifel an der vehement vorgetragenen Selbstmordtheorie des Commandante.

Solange später vor der Kaserne die Kadetten ihren Leibesübungen nachkommen, wird drinnen Belcredi von einem Vorgesetzten und seinen feixenden Stubenkameraden in bester Militärmanier schikaniert.

Einen der beiden, Davide Caprese, entdeckt Belcredi einige Tage danach – verblutet in einer Toilette.

In realtà handelt es sich bei dem von skurrilen Löwenstatuen bewachten festungsartigen Ensemble um das landseitige Eingangsportal und die Anlage des Marinearsenals.

Einige hier nicht weiter beschriebene Szenen in der Militärakademie wurden im gesperrten Teil des Arsenale gedreht, zu dem man nur selten, zum Beispiel während der Biennale, Zutritt hat. (Castello, Campo de l'Arsenal, *Bild S. 144*)

Hinter der Brücke lugt das Haus von Signor Moro hervor.

Haus von Signor Moro (D2)

Der Commissario begibt sich zum Haus von Fernando Moro, um mit ihm über den Tod seines Sohnes zu sprechen. Doch der äußerlich gefasst wirkende Vater ist zu sehr erschüttert, als dass er mit Brunetti darüber reden wollte.

Bei seinem zweiten Besuch fängt Brunetti den ehemaligen Politiker gerade noch an der Haustüre ab, wo der ihm deutlich zu verstehen gibt, dass er dem Commissario als Repräsentanten eines korrupten Verbrecherstaates keinerlei Vertrauen entgegenbringen kann. (Cannaregio 5404, Sotoportego Widmann)

Pathologisches Institut (A3)

Im pathologischen Institut befragt Brunetti den Arzt Dottor Aurino, ob Ernesto Moro seiner Meinung nach wirklich Suizid begangen habe. Dessen unmissverständliche Antwort lautet: Jein! (Dorsoduro 3494A, Fondamenta San Marco)

Wohnung von Signora Moro (D2)

Nicht annähernd so luxuriös wie ihr Gatte wohnt die an den Rollstuhl gefesselte Signora Moro in einem eher einfachen Viertel der Stadt. Sie zeigt sich Brunetti und Vianello gegenüber auskunftsfreudiger als ihr Mann, und es steht für sie fest, dass Ernesto sich nicht selbst umgebracht hat. (Cannaregio 6068, Campiello dei Miracoli)

Ristorante Quadri (D3)

Bei einem Caffè auf der weitläufigen Piazza San Marco spekulieren Brunetti und ein befreundeter Journalist über den Rückzug des integren Fernando Moro aus der Politik, unmittelbar nachdem seine Frau den verhängnisvollen Jagdunfall erlitten hatte.

Bei ihrem zweiten Treffen dringen sie schon tiefer in den Sumpf aus Korruption und Vorteilnahme ein, den Moro trockenlegen wollte. (San Marco 120, Piazza San Marco)

Damm (A1)

Hinter dem Damm: Die Industrieanlagen von Marghe[ra]

Auf der Rückfahrt von den Belcredis nach Venedig dämmert Brunetti, dass sich hinter den Todesfällen in der Akademie mehr als nur Mobbing unter Jugendlichen verbergen könnte.

Vor Brunettis Wohnung (C2)

Schmallippig empfängt Paola ihre beiden Männer vor der Haustüre. Raffi hat im Zuge seines Polizeipraktikums ihren Laptop geklaut. Seine Beteuerungen, ihn nur geliehen zu haben, stimmen sie nicht versöhnlicher, und Paola verweigert ihrem Sohn die weitere Nutzung trotz unaufschiebbarer Ermittlungsarbeiten. (Cannaregio 3586A, Fondamenta de la Misericordia)

Brunetti und Vianello im Ristorante Riviera (A4)

Brunetti legt seinem Assistenten beim sonnigen Mittagsmahl seine neuesten Erkenntnisse Filippi und Toscano betreffend dar, deren politische Seilschaften Fernando Moro den Garaus gemacht hatte. Vianello hingegen weiß zu berichten, dass das Haus nebenan einst als Hort von Verbrechern, berüchtigt für ihren wenig zimperlichen Umgang mit Verrätern, fungierte. (Dorsoduro 1473, Fondamenta Zattere al Ponte Longo)

Das ehemalige „Verbrechernest" neben dem Ristorante Riviera

Die Brunettis im Ristorante Il Migliore (C1)

Beim gemeinsamen Restaurantbesuch der Familie Brunetti erteilt Raffi nicht nur seiner Schwester Aufklärungsunterricht hinsichtlich autoerotischer Phänomene, sondern motiviert auch seinen Vater, im Fall Moro nicht so rasch klein bei zu geben. (Cannaregio 2577, Fondamenta de la Misericordia)

Friedhofsinsel San Michele (D/E1)

Auf dem Weg zum Grab ihres Sohnes treffen die Eheleute Moro auf Brunetti und seinen Sohn Raffi. Moro verweigert aus Angst weiterhin jegliche Zusammenarbeit mit der Polizei trotz Raffis eindringlichem Appell, sich nachträglich seinem Sohn zuliebe dafür zu entscheiden.

GIUSEPPINA DUSE
27-8-1909
11-5-1998
GIORGIO
VIDAL
15-5-1998
MARIA

11. Film:
Endstation Venedig

11. Film: Endstation Venedig

Im trüben Kanalwasser treibt die Leiche eines jungen Mannes, der von seiner Vorgesetzten Captain Peters als Sergeant Foster, Gesundheitsinspektor des amerikanischen Militärstützpunktes in Vicenza, identifiziert wird.

Sowohl beim Ermordeten als auch in dessen Wohnung finden Brunetti und Vianello große Mengen von Kokain; allerdings so schlecht versteckt, dass die amerikanische Spurensicherung die Päckchen nicht hätte übersehen können.

Spätestens als Captain Peters vorgeblich an einer Überdosis Drogen stirbt, diverse Kampfspuren aber auf Mord hinweisen, ist den Polizisten klar, dass sie auf eine falsche Fährte gelockt werden sollen. Doch vor ihrem Tod konnte Captain Peters dem Commissario noch brisante Akten aus Fosters Büro zukommen lassen, unter anderem mit verstörenden Fotos von Hauterkrankungen. Dank Unterstützung der attraktiven Kommissarin aus Vicenza nehmen die Beamten Kontakt zu einem Betroffenen auf und kommen dadurch einem Giftmüllskandal ungeahnten Ausmaßes auf die Spur …

Vice-Questore Patta zeigt nur mäßiges Interesse an dem Mordfall, echauffiert sich aber umso mehr über den Diebstahl wertvoller Gemälde aus dem Palazzo seines wohlhabenden Freundes Signor Viscardis. Ist dieser doch der Sponsor der Benefizgala, bei der die betörende Opernsängerin Anna Jelenko auftreten und im Anschluss daran Patta die Ehre geben will, mit ihr zu speisen, wofür der schon fleißig russisch lernt.

Somit hat der Einbruch allerhöchste Priorität und mit der Aufklärung betraut Patta keinen Geringeren als Commissario Brunetti, in dem bald der Verdacht keimt, bewusst von den Mordermittlungen abgezogen zu werden. Die angeblich so wertvollen Bilder stellen sich als Fälschungen heraus, aber musste nur deswegen der harmlose Kleinganove Ruffolo sterben?

Letztendlich ist es Paolas Vater Conte Falier, der sein eisernes Schweigen bricht und Brunetti über Viscardis` mafiöse Geschäftspraktiken informiert, die jeglichen moralischen Rahmen sprengen und die Todesfälle der vergangenen Tage in ein anderes Licht rücken ...

Wen mag es da wundern, dass der Commissario bei all dem Stress wenig Verständnis für den jüngst erwachten Unternehmergeist seines Sohnes zeigt, der Unmengen von wasserdurchlässigen Regenschirmen an gutgläubige Touristen verkauft? Ebenso wenig mag ihm ein gewisser amerikanischer Professor Allbright behagen, der seiner aufblühenden Paola schöne Augen und Geschenke macht.

Aber all das sind keine Sorgen gegenüber der tiefen Trauer von Patta, dessen Benefizkonzert samt zauberhafter Operndiva ersatzlos gestrichen wird!

Bergung einer Leiche (D2)
Ein junger Mann wird nachts mit einem Messer niedergestreckt und taucht am nächsten Morgen als Leiche neben der Gondel kreischender asiatischer Touristen auf. Umringt von Schaulustigen kann Dottor Aurino bereits mit Gewissheit sagen, dass es sich nicht um einen Unfall gehandelt haben kann. (Cannaregio 4503, Sotoportego del Tragheto und Ponte San Canziano)

Ort des Verbrechens ist der Sotoportego del Tragheto

Gleich daneben an der Ponte San Canziano wird die Leiche geborgen.

Captain Peters am Piazzale Roma (A3)

Brunetti und Vianello holen den amerikanischen Captain Peters am Piazzale Roma ab und können kaum ihre Überraschung verhehlen, einer weiblichen Capitana gegenüber zu stehen.

Pathologisches Institut (A3)

Nur mühsam beherrscht verlässt Captain Peters das pathologische Institut, nachdem sie den unbekannten Leichnam als ihren Kollegen Foster identifiziert hatte. Ihr auf dem Fuße folgen Brunetti und Vianello in der trügerischen Hoffnung, sachdienliche Hinweise von Peters zu erhalten. (Santa Croce 3519, Fondamenta del Rio Novo)

11. Film: Endstation Venedig 159

Vor Brunettis Wohnung (C2)
Kaum schließt er seine Haustüre auf, erwarten den Commissario unliebsame Überraschungen. Die Wohnung quillt über von pinkfarbenen Regenschirmen, die Raffi an wasserscheue Touristen zu verhökern gedenkt. Seine Gattin richtet mit beseeltem Lächeln langstielige Blumen an, überreicht von Professor Allbright mit den wunderschönen Augen … (Cannaregio 3586A, Fondamenta de la Misericordia)

Casinò (B2)
Mühsam quält sich der Commissario durch eine Abendeinladung seiner Schwiegereltern im stilvollen Ambiente des Casinò am Canal Grande. Während seine Familie dem Glücksspiel frönt, macht ihn der zufällig ebenfalls anwesende Vice-Questore Patta mit dem finanzkräftigen Mailänder Signor Viscardis bekannt. (Cannaregio 2040, Calle Larga Vendramin)

11. Film: Endstation Venedig

Residenz von Signor Viscardis (B4)

Im Schutz der Nacht dringt eine hagerere Gestalt in den gotischen Palazzo am Canal Grande ein.

Spottend über die protzige Residenz samt seinem neureichen Besitzer fahren Brunetti und Vianello am nächsten Tag im Polizeiboot vor, um gemeinsam mit dem Hausherrn Signor Viscardis den entstandenen Schaden zu begutachten.

Kurz vor Viscardis überstürzter Abreise aus Venedig versucht Brunetti ein letztes Mal, den aalglatten Mailänder aus der Reserve zu locken. Durch den überraschenden Auftritt von Signora Ruffolo nimmt die Unterhaltung eine ungeahnte Wendung. (Dorsoduro 1261, Ramo Ambasciatore)

Nota bene: In der Verfilmung von „Schöner Schein" residieren die Cataldos in diesem Palazzo.

Brunetti steigt zu Patta ins Boot (C2)

Ungeduldig erwartet Patta seinen Commissario, der leicht außer Atem zu ihm ins Boot springt. Während sie den Rio dei Servi entlang zum Canal Grande brausen, enthüllt Patta das Ungeheuerliche: Aus Viscardis' Residenz wurden vergangene Nacht wertvolle Gemälde gestohlen! Klare Sache, dass Brunetti da seine Ermittlungen in dem „unbedeutenden" Mordfall hintanstellen muss. (Cannaregio 2399, Fondamenta Forner)

Wohnung von Signora Ruffolo (E4)

Den besten Kaffee gibt es nach Brunettis Meinung bei Signora Ruffolo. Auch deshalb lässt er sich nicht abschrecken, als die ihm erst die Fenster vor der Nase zuschlägt, um ihn dank seiner Überzeugungskraft doch noch in ihre Wohnung auf ein Tässchen Kaffee zu bitten.

Bei seinem nächsten Besuch gemeinsam mit Vianello freut sich die Signora schon mehr, ihn zu sehen. Wurde doch ihre Wohnung verwüstet und sie gerade von einem bewaffneten Burschen bedroht, der angesichts ihrer Gäste die Flucht ergriff. (Castello 1454, Sotoportego 2° de le Colone)

In dieser Gasse liegt die Wohnung von Signora Ruffolo.

Frühstücksbar von Brunetti (E3)

Klassisch italienisch schlürft Brunetti seinen Caffè im Stehen, als ihn die Nachricht aus Vicenza ereilt: Captain Peters ist mit einer Überdosis im Blut tot aufgefunden worden. (Bar Arsenale, Castello 2409, Campo de l'Arsenal)

Brunetti trifft auf Professor Allbright (C3)

Der Commissario wird in seiner Buchhandlung von einem freundlichen Herrn angesprochen, der sich als „Paolas Professor Allbright" herausstellt und den Commissario auf einen kleinen Wein in die ums Eck gelegene Bar einlädt. Die beiden verstehen sich bestens und aus dem kleinen Wein werden viele große Getränke und ein langer Abend … (San Marco 4121, Salizada San Luca und Bar Al Do de Bastoni, San Marco 4119, Calle Sant'Antonio)

Bahnhof Santa Lucia

Bahnhof Santa Lucia (A2)

Nach seiner durchzechten Nacht erreicht Brunetti im Laufschritt gerade noch den Zug, den Vianello für ihn aufhalten konnte.

Während sie über den Damm gen Vicenza rollen, holt der derangierte Commissario seinen versäumten Schlaf nach, derweil Vianello in dermatologischer Fachliteratur schmökert.

Ermordung von Giuseppe Ruffolo (B3)

Im strömenden Regen läuft Brunetti zu seiner nächtlichen Verabredung mit Giuseppe Ruffolo, den er leider leblos antrifft und schweren Herzens den alarmierten Ärzten überlässt.

In realtà befindet sich der Treffpunkt nicht wie im Film kolportiert am Arsenale, sondern in San Polo am Campo Castelforte.

Der Rio de Sant´ Anna nahe Signora Ruffolos Wohnung

Kanal bei Signora Ruffolos Wohnung (F4)

Auf seiner Flucht über die Dächer Venedigs wirft der Gangster ein verdächtiges Paket in den Kanal, bevor er abstürzt und sich tödlich verletzt.

Der herbei eilenden Signora Ruffolo muss der Commissario die traurige Nachricht vom Tod ihres Sohnes überbringen. (Castello 9096, Fondamenta San Gioachin)

Trattoria am Arsenale (E3)

Aus Sorge um das Leben seiner Angehörigen warnt Conte Falier seinen Schwiegersohn inständig, sich nicht mit dem ebenso einflussreichen wie skrupellosen Signor Viscardis anzulegen. (Trattoria Da Paolo, Castello 2386, Campo de l'Arsenal)

Brunetti und Vianello vor der Bar Da Codroma (A4)

Während er auf Brunetti wartet, gönnt sich Vianello noch einen schnellen Caffè an der Kanalmauer. Mit dem Abschluss der Ermittlungen ist zu seinem Leidwesen auch die Zusammenarbeit mit der charmanten Kollegin aus Vicenza beendet. Ihn tröstet nur, dass sie, genau wie er, verheiratet ist. (Dorsoduro 2540, Fondamenta Briati)

12. Film:

Das Gesetz der Lagune

Am Hafen von San Pietro in Volta

12. Film: Das Gesetz der Lagune

Diesmal verschlägt es Commissario Brunetti und seinen Kollegen Vianello auf die abgelegene Insel Pellestrina, wo sie den Mord an zwei Fischern aufklären sollen. Das eigenbrötlerische Inselvolk dient sich nicht zur Zusammenarbeit an, wohl aber die Sekretärin, Signorina Elettra. Die ergreift ihre Chance, dem schnöden Büroalltag zu entkommen, und nistet sich unter einem Vorwand bei einer Verwandten auf der Insel ein, um inkognito zu ermitteln. Es dauert nicht lange, bis der junge Carlo Targhetta Elettras Herz erobert, und ihre polizeilichen Ambitionen mehr und mehr in den Hintergrund geraten.

Beim dritten Mord innerhalb kurzer Zeit schrillen die Alarmglocken des Commissario, und er versucht erfolglos, seine Sekretärin von dem Eiland abzuziehen. Assistent Alvise, den er als Undercover-Kellner zum Schutz für Elettra in die Hafenbar auf Pellestrina versetzt hatte, wurde bereits von höherer Stelle wieder zurückgepfiffen.

Brunettis übermäßige Sorge um die Signorina wird von Gattin Paola zunehmend argwöhnisch registriert. Selbst der frisch aus London zurückgekehrte Vice-Questore regt sich ernsthaft über die insularen Alleingänge seines Commissario auf. Mittlerweile hat Vianello recherchiert, dass Carlo Targhetta einst beim Finanzamt in der Abteilung für Steuerbetrug beschäftigt war, und Brunetti überredet seinen Informanten aus dieser Behörde, ihm die entsprechenden Akten zukommen zu lassen. Die Aufzeichnungen sprechen Bände: Targhetta war zuständig für anonyme Anzeigen und hat einen Anruf, der seinen Onkel Spadini belastete, unter den Tisch fallen lassen.

Wieder auf Pellestrina erfährt der Commissario, dass einer der Getöteten der anonyme Anrufer war und dass Spadini, Carlo und „die Frau, die bei der Polizei arbeitet" gemeinsam mit dem Boot unterwegs sind.

Das bedeutet höchste Gefahr für Elettra, und Brunetti nimmt mit seinem Bootsführer Bonsuan die Verfolgung auf …

Hafen von Pellestrina (Pellestrina)

Flammen züngeln aus einem Boot, das kurz darauf im idyllischen Fischerhafen explodiert. Als Brunetti und Vianello dort eintreffen, werden sie von einer Mauer des Schweigens empfangen, während ein Taucher zwei Leichen aus dem Wasser zieht.

Das gleiche Bild präsentiert sich den beiden Beamten bei der nächsten Leichenbergung einige Nächte später, wobei sich die Insulaner weiterhin verstockt geben.

Von daher verspricht sich der Commissario nicht viel davon, den Fischern die Tonbandaufnahme des anonymen Denunzianten vorzuspielen. (Pellestrina, Hafen von San Pietro in Volta)

Wohnung von
Clemenza Boscarini (Pellestrina)

Entsetzt erblickt die Signora beim Öffnen ihres Fensters den Rauch, doch ihr zu Hilfe eilender Sohn kommt zu spät.

Etwas später darf der Commissario sie die paar Schritte zum Hafen begleiten; dabei gewährt ihm die Signora Einblicke in das lasterhafte Leben der Signora Follini. (Pellestrina, San Pietro in Volta 298, Strada Communale della Laguna)

Fischerbar (Pellestrina)

Wenn sie nicht gerade auf hoher See fischen oder ihre Netze flicken, versammeln sich die Männer in der Bar unweit des Hafens. Auch Brunetti und Vianello lenken, obwohl nicht gerne gelitten, mehrmals ihre Schritte hinein und mühen sich vergebens, den Anwesenden Auskünfte zu entlocken.

Wesentlich freundlicher wird Signorina Elettra aufgenommen, die in der Bar ihre Inselliebe kennenlernt und den „Kellner" Alvise gekonnt ignoriert.

Ein alter Fischer, der die von Brunetti abgespielte Tonbandstimme identifiziert, bringt den Commissario auf die richtige Spur und Elettra in akute Bedrängnis …

In realtà handelt es sich um die Bar Da Anna, San Pietro in Volta 227, Strada Communale della Laguna.

Kramladen der Signora Follini (Pellestrina)

Die Besitzerin des kleinen Kramladens, Signora Follini, ist die einzige Einheimische, die sich den Beamten gegenüber aufgeschlossen zeigt und sie mit ersten brauchbaren Informationen füttert.

Schon bei Brunettis zweitem Besuch verweigert sie allerdings deutlich eingeschüchtert weitere Aussagen, wenngleich sie offensichtlich viel zu erzählen hätte.

Kurz darauf steht der Commissario vor verschlossener Ladentür … (Pellestrina, San Pietro in Volta 292B, Strada Communale della Laguna)

176   12. Film: Das Gesetz der Lagune

Brunetti begleitet Patta zur Bar Da Codroma (A4)
Mit gewohnter List überzeugt Brunetti seinen Chef, auf Pellestrina ermitteln zu können, obwohl die Fischerinsel außerhalb ihres Reviers liegt. Wenig Hoffnung macht er dem Vice-Questore hinsichtlich der kulinarischen Perspektiven während dessen bevorstehendem London-Aufenthalt. (Dorsoduro 2540, Fondamenta Briati)

**Wohnung des Fischers
Alberi (Pellestrina)**

Vor seiner Haustüre gleich beim Hafen fertigt Sandro Alberi den Commissario kurz angebunden ab. Er räumt aber zumindest ein, mit dem ermordeten Vater Bottin im Streit gelegen zu haben. Und Sandros plötzlich verschwundener Bruder Lorenzo hält sich angeblich in Vicenza bei einem Freund auf. (Pellestrina, San Pietro in Volta 319)

Brunetti trifft Elettra inkognito (Pellestrina)

Nur flüchtig kann sich der Commissario mit seiner Sekretärin austauschen, die in dem Undercover-Einsatz von Alvise mehr eine Gefahr als einen Nutzen sieht. (Pellestrina, San Pietro in Volta, Calle della Chiesa)

Elettra und Carlo Targhetta am Strand (Pellestrina)

Die erste Begegnung am Strand zwischen der vermeintlich in einer Bank beschäftigten Elettra und dem Fischer Carlo mündet in einem romantischen Bootsausflug im Licht der untergehenden Sonne …

Mittlerweile schon eine Woche auf der Insel ohne Ermittlungsergebnisse zu sein, ist dem Commissario zu viel und er beordert seine Sekretärin telefonisch zurück. Die denkt gar nicht dran und vergnügt sich lieber mit dem schönen Carlo im Sand. (Pellestrina, San Pietro in Volta, Buhne 5, *Bild nächste Seite*)

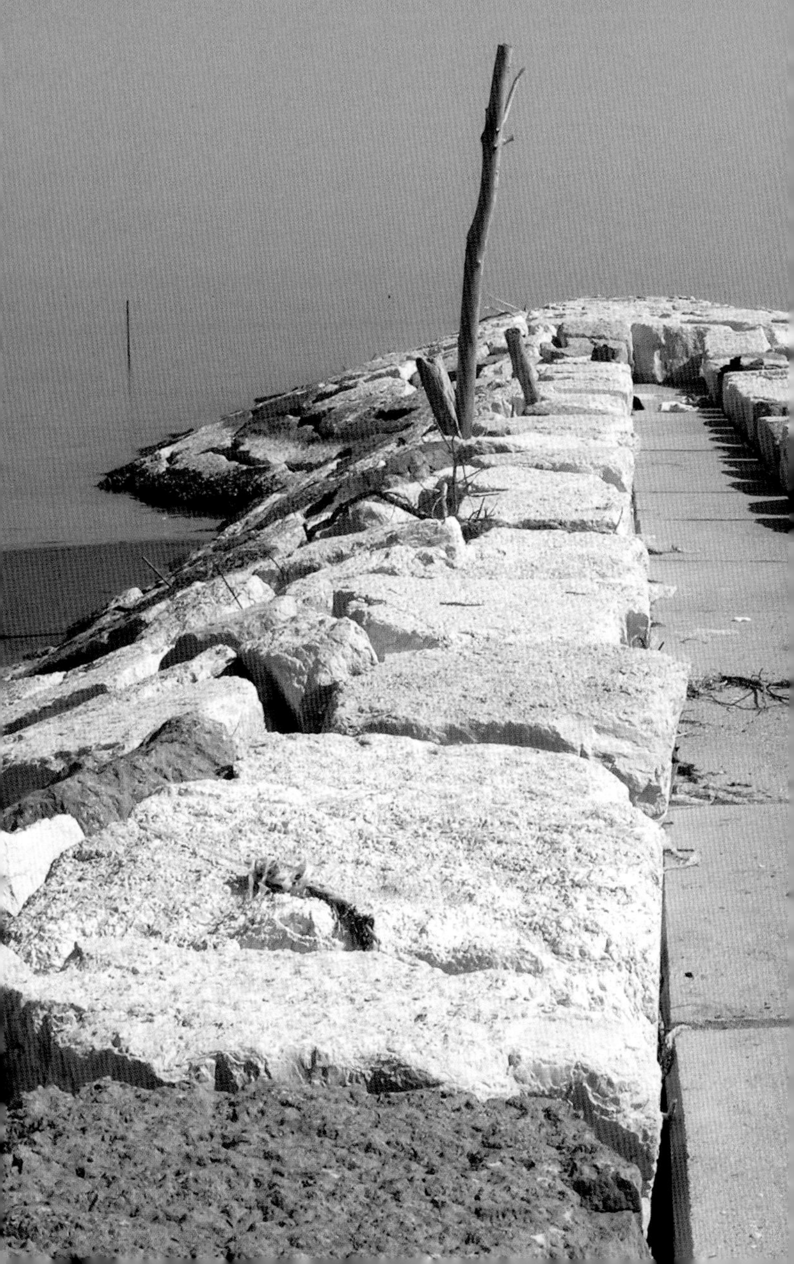

179

Die Brunettis im Ristorante Il Migliore (C1)

Trotz des Gedudels eines folkloristischen Straßenmusikers lassen sich die Brunettis ihr Abendessen munden, bis ein Anruf Alvises das familiäre Idyll unversehens zerstört: Eine neue Leiche zwingt den Commissario umgehend nach Pellestrina. (Cannaregio 2577, Fondamenta de la Misericordia)

Elettra und Carlo Targhetta vor der Kirche (Pellestrina)
Unter den wachsamen Blicken von Brunetti und Vianello schlendern die Pellestriner nach dem sonntäglichen Gottesdienst aus der Kirche. Unter ihnen befinden sich, zu Brunettis Missfallen einander zärtlich zugeneigt, Carlo und Elettra. (Pellestrina, San Pietro in Volta, Chiesa San Pietro)

Brunetti befragt Zeugen (Pellestrina)
Misstrauisch beäugt von den Einheimischen klappern Brunetti und Vianello der Reihe nach die Häuser an der Hafenstraße ab, um die Bewohner einzeln zu befragen. Sehr erfolgreich sind sie nicht, da ihnen die Türe erst gar nicht geöffnet oder hanebüchener Unsinn erzählt wird. (Pellestrina, San Pietro in Volta 311, 305, 291, Strada Communale della Laguna, *Bild nächste Seite*)

Die Häuser der Zeugen

Haus von Vittorio Spadini (Lido)

Vor dem Haus von Vittorio Spadini trifft Brunetti nur dessen Nachbarin an, die kein gutes Haar an dem trunksüchtigen Fischer lässt. (Lido, Alberoni, Strada della Marina 12)

Brunetti und Vianello an der Riva del Vin (C3)

Auf ihrem Weg die Riva entlang berichtet Brunetti seinem Kollegen von dem schweren Steuerbetrug Spadinis, aufgrund dessen dessen Boot konfisziert wurde. Außerdem soll Vianello Informationen über Elettras Inselaffäre, Carlo Targhetta, beschaffen. (San Polo, Riva del Vin)

An der Riva del Vin

Brunetti befragt den Metzger (Pellestrina)

Ebenso wie die anderen Einheimischen gibt der Metzger vor, die von Brunetti abgespielte Tonbandstimme noch nie gehört zu haben. (Pellestrina, San Pietro in Volta 292A, Strada Communale della Laguna)

links der Metzger, rechts der Lebensmittelladen

13. Film:
Die dunkle Stunde der Serenissima

Von ihrem Fenster aus sieht Signora Jacobs das Traghetto zum Campo Samuele.

13. Film: Die dunkle Stunde der Serenissima

Kaum hat sich Paolas Studentin Claudia Leonardo mit einem harmlos wirkenden Anliegen an den Commissario gewandt, muss der sich mit ihrer Leiche und den Umständen ihres gewaltsamen Todes auseinandersetzen.

Claudias Großmutter und einzige Angehörige, die greise Signora Jacobs, erzählt Brunetti von Claudias verstorbenem Großvater Luca Guzzardi. Nach Aussage seiner Witwe wurde er kurz nach dem Krieg unrechtmäßig verurteilt, weil er angeblich wertvolle Gemälde illegal erworben hätte. Seinen Ruf wollte Claudia posthum wieder herstellen.

Brunettis Schwiegervater hat eine andere Sicht auf die Causa Guzzardi, nämlich dass Claudias Großvater durch Erpressung in den Besitz der Privatsammlung eines Schweizer Konsuls gekommen sei. Im Krieg war er außerdem im Propagandaministerium für die „Säuberung" von Museen mit „entarteten Kunstwerken" zuständig. Anstatt diese wie befohlen zu vernichten, baute er sich eine beachtliche Sammlung auf und kaufte die Bilder zu Spottpreisen von den rechtmäßigen Eigentümern ab.

Eine Spur führt in das militärische Sammelsurium der Biblioteca della Patria, in der Signorina Leonardo als Aushilfe beschäftigt war. Deren Betreiber Maxwell Ford jubelte Signora Jacobs einen gefälschten Kaufvertrag unter, womit Guzzardi rehabilitiert werden könnte. Im Gegenzug wurde Signor Ford im Testament der Signora großzügig bedacht.

Signora Jacobs verstirbt, kurz nachdem sie von Brunetti über den heimlichen Verkauf ihrer Gemälde durch Claudia aufgeklärt wurde. Gerade noch rechtzeitig hatte die alte Dame ihrer Haushaltshilfe ein brisantes Dokument anvertraut.

Testamentsvollstrecker Dottor Filipetto ist gleichzeitig Signor Fords Schwiegervater und weder er noch Fords unterwürfige Frau ahnen, welch makabres Spiel Maxwell mit ihnen treibt …

Nicht weniger bizarr ist die schleichende Verwandlung der Questura in eine fernöstliche Tempelanlage dank der neuen spirituell angehauchten Kommissarin Caspari. Vice-Questore Patta gibt sich mit Feuereifer den asiatischen Traditionen hin, bis die Nachwirkungen von Tofu-Pasta seine Energien zurück in die gewohnte Bahn lenken.

Im Hause Brunetti hingegen ist der Geschlechterkampf ausgebrochen. Chiara wird trotz spöttelndem Bruder zur zornigen Aktivistin der Frauenbewegung – zumindest so lange, bis ihr ein hübscher Jüngling über den Weg läuft.

Innenhof von Paolas Universität (C2)
Nach Paolas mehr oder weniger spannenden Vorlesung über englische Literatur werden sie und ihr Mann von der Studentin Claudia Leonardo abgefangen. Sie wünscht sich vom Commissario Informationen über Wiederaufnahmeverfahren, weswegen der sie für den nächsten Morgen in sein Büro bestellt.

Wenige Tage später deponiert Claudias Mitbewohnerin ein Gemälde in einem Schließfach, wohl darauf bedacht, nicht von dem ihre Kommilitonen befragenden Vianello gesehen zu werden.

Beim Lernen im idyllischen Kreuzgang der Uni wird die Mitbewohnerin vom Geklingel ihres Telefoninos unterbrochen. Sie gibt dem Anrufer deutlich zu verstehen, dass weder Signorina Leonardo noch sie selbst jemals wieder Bilder verkaufen werden. (Cannaregio 4942A, Fondamenta de Santa Caterina, *Bild nächste Seite*)

Innenhof von Paolas Universität

Wohnung der Signora Jacobs (B4)

Signor Ford und Claudia Leonardo geben sich bei Signora Jacobs die Klinke in die Hand. Im Gegensatz zu ihrer Großmutter reagiert Claudia äußerst skeptisch auf den von Signor Ford angeblich zwischen alten Gerichtsunterlagen gefundenen Vertrag.

Commissario Brunetti hat die schwierige Aufgabe, Signora Jacobs die Nachricht vom Tod ihrer Enkelin zu überbringen. Dabei erfährt er von Claudias Großvater Guzzardi, für den sie sich bezüglich des Wiederaufnahmeverfahrens an den Commissario gewandt hatte. Signora Jacobs will nicht weiter darüber sprechen, aber Brunetti telefoniert gleich nach seinem Besuch mit seinem Schwiegervater, der ihm

13. Film: Die dunkle Stunde der Serenissima

Fassade des Wohnhauses von Signora Jacobs am Canal Grande

über Guzzardi Auskunft geben kann. Sein Bootsführer liest unterdessen die Illustrierte, deren Titelblatt Brunettis neue reizvolle Kollegin ziert. (San Marco 3052, Corte Sforza)

Nota bene: In der Verfilmung von „Lasset die Kinder zu mir kommen" befindet sich die Wohnung der Pedrollis ebenfalls in diesem Haus.

Eingang zum Wohnhaus

Biblioteca della Patria (A4)

In der Biblioteca della Patria tippt Claudia Leonardo zwei Buchstaben auf einer alten Schreibmaschine und beschuldigt den herbeieilenden Signor Ford, den Vertrag mit dieser Maschine gefälscht zu haben. Signora Ford belauscht den Streit und zieht ihre ganz eigenen Schlüsse daraus.

Auf der Piazetta vor dem Portal

Nach Claudias Tod suchen Brunetti und Vianello Signor Ford in seiner obskuren Militärbibliothek auf, in die sich außer ihnen nur noch ein paar Altmilitaristen verirrt haben.

Zu Maxwell Fords Freude klingelt auf seine Stellenausschreibung hin bald eine neue „Signorina" als Nachfolgerin von Claudia an der Bibliothekstüre.

Vor dem Eingangsportal konfrontiert der Commissario

Eingangsportal

Signora Ford mit den neuesten Ermittlungsergebnissen, die ihr die Augen für das wahre Gesicht ihres Mannes öffnen.

In letzter Minute kann Brunetti sie davon abhalten, ihrem Gatten einen tödlichen Stich zu versetzen und auch Notar Filipetto ist erschüttert über die unerwartete Entwicklung der Ereignisse. (Dorsoduro 1602, Corte Zappa)

Nota bene: Das ist der Hintereingang zum Palazzo Ca' Zenobio.

Demonstration auf dem Campo San Stae (C2)
Gemütlich tuckern die Eltern Brunetti im Vaporetto auf dem Canal Grande, als sie am Campo San Stae plötzlich ihre Tochter Chiara inmitten einer Demonstration für Frauenrechte erblicken. Die überforderten Polizisten unter der Leitung von Alvise greifen hart durch, und so können die Eltern nur hilflos zusehen, wie ihre Tochter in einem Polizeiboot abgeführt wird.

Claudia Leonardos Wohnung liegt im Hochparterre des gelben Hauses

Bei der Wohnung von Claudia Leonardo (A1)

Claudia Leonardo schlendert entlang des lauschigen Canale di Cannaregio nach Hause, wo sie zu später Stunde noch ungebetenen Besuch empfängt …

An der Ufertreppe unterhält sich Brunetti mit Claudias schockierter Mitbewohnerin, während die Sanitäter deren Leiche aus der am Rio gelegenen Wohnung abtransportieren.

Später steigt die Mitbewohnerin heimlich in ihre versiegelte Wohnung ein, um ein verstecktes Gemälde sicher zu stellen. (Cannaregio 624, Campo San Giobbe)

Ristorante Quadri (D3)

Oratio Falier berichtet seinem Schwiegersohn die wahre Geschichte über Luca Guzzardi, der nach dem Krieg völlig zu Recht verurteilt worden war. Wo sich dessen Gemäldesammlung seitdem befindet, ist dem Conte leider auch nicht bekannt.

Blick von der Piazzetta San Marco auf die Isola San Giorgio

13. Film: Die dunkle Stunde der Serenissima

Nach ihrem Caffè spazieren die beiden über den Markusplatz zur Riva dei Schiavoni, an deren Anleger San Zaccaria Vianello seinen Chef bereits erwartet. (San Marco 120, Piazza San Marco)

Pathologisches Institut (A3)

Brunetti und Vianello lassen sich zum pathologischen Institut chauffieren, wo ihnen der Pathologe die mageren Erkenntnisse seiner Obduktion präsentiert. (Santa Croce 3519, Fondamenta del Rio Novo)

Patta und Kommissarin Caspari im Ristorante La Fenice (C3)

Beim gemeinsamen Mittagessen mit der Feng Shui Expertin Kommissarin Caspari hungert sich Patta durch Tofu Pasta, die seinen Energiefluss anregen soll. (San Marco 1939, Campiello Marinoni)

Chiara trifft auf ihren Schwarm (B4)

Während Chiara mit ihrer Freundin Antonia Aktionen gegen eine Ausstellung über nackte Frauen plant, trifft sie ihren Schwarm Maurizio turtelnd mit einer Anderen.

Und Antonia darf zu Recht über Chiaras eigentliche emanzipatorische Motivation grübeln. (Dorsoduro, Campo San Trovaso)

Kanalmauer am Campo San Trovaso

Szenen einer Ehe im Ristorante Il Refolo (B2)
Maxwell Ford flirtet im Ristorante mit seiner vermeintlichen Aushilfe alias Signora Caspari, als der explosive Auftritt seiner Ehefrau den romantischen Abend am idyllischen Campo abrupt beendet. (Santa Croce 1459, Campiello del Piovan)

Vor Brunettis Wohnung (C2)
Raffis gut aussehender Freund Matteo lässt Chiaras Herz höher schlagen. Ihren Kampf gegen das männliche Geschlecht hat sie zumindest für diesen Abend verloren ... (Cannaregio 3586A, Fondamenta de la Misericordia, *Bild nächste Seite*)

Der Rio de la Misericordia bei Brunettis Wohnung in Richtung Westen

14. Film:

Blutige Steine

Entlang des Rielo flieht Nando vor seinem Verfolger.

14. Film: Blutige Steine

Am helllichten Tag werden zwei schwarzafrikanische Straßenhändler unter Beschuss genommen. Der eine verstirbt noch am Tatort, während der andere schwer verwundet in die Wohnung seiner Schwester flüchten kann.

Den venezianischen Geschäftsleuten sind die sogenannten Vucumpras ein Dorn in Auge, verkaufen sie doch gefälschte Markenware zu Spottpreisen an die nach Schnäppchen jagenden Touristen. Zusammengepfercht hausen die Schwarzafrikaner in heruntergekommenen Wohnungen, die ihnen korrupte Besitzer zu horrenden Preisen überlassen. Die Polizei ist dem organisierten Straßenhandel gegenüber machtlos, sehr zum Zorn der Ladenbesitzer, den Brunetti und Vianello bei einer Befragung deutlich zu spüren bekommen.

Auch bei den Vucumpras selbst sind die Beamten nicht wohl gelitten, angeblich kennt keiner von ihnen den Toten, und aus einer der Wohnungen wird gar auf die Polizisten geschossen! Statt des Täters findet Brunetti dort ein Kästchen mit wertvollen Rohdiamanten, auf die es der ungebetene Gast seltsamerweise nicht abgesehen zu haben scheint.

Wesentlich mehr Interesse an den Steinen zeigt ein ihm unbekannter Afrikaner, der den Commissario mit Gewalt zur Herausgabe der Diamanten zwingen will und dabei selbst sein Leben verliert.

Der Fall nimmt eine unerwartete Wendung, als eine Abordnung aus Rom in der Questura eintrifft und die Ermittlungen kurzerhand mit der verwegenen These an sich reißt, dass es sich hier um internationalen Terrorismus handele. Anders als der obrigkeitshörige Vice-Questore vermutet der Commissario zu Recht unlautere Motive für das römische

Handeln und riskiert sogar seine Versetzung nach Sizilien, um die wahren Hintergründe aufzudecken.

Dank seiner Beharrlichkeit kann er mit Vianello in letzter Minute ein Menschenleben retten, und der kleinlaute Patta bittet ihn inständig, sein „Versetzungsgesuch" zurück zu ziehen ...

Nicht nur dienstlich, auch privat werden Vianello und Brunetti derzeit stark gebeutelt. Vianello durchwacht die Nächte mit seinem schreienden Nachwuchs und holt tagsüber im Büro den wohlverdienten Schlaf nach. Brunetti hingegen wird von seiner Familie mit Hohn und Spott überzogen, weil er sich bei der Suche nach einem Geburtstagsgeschenk für Paola nicht eben geschickt anstellt.

Ermordung des Vucumpras (C2)

Kaltblütig streckt ein Killer den Straßenhändler inmitten kauflustiger Touristen nieder und verpasst dessen fliehendem Kollegen noch eine Kugel, bevor er im Gassengewirr untertaucht.

Zufällig stößt Commissario Brunetti zum Ort des Geschehens, als der Tote bereits vom Arzt freigegeben und unter den Augen zahlreicher Schaulustiger abtransportiert wird. (Cannaregio, Ecke Strada Nova/Fondamenta di San Felice)

Die Brunettis vor einem Juweliergeschäft (C2)

Auf ihrem Bummel durch die Stadt lenkt der leicht gestresst wirkende Brunetti seine Frau zur Auslage eines Juweliergeschäftes. Seine Hoffnung, mit ihr zusammen deren Geburtstagsgeschenk aussuchen zu dürfen, wird von Paola jedoch umgehend zunichte gemacht. (Cannaregio 4589, Salizada del Pistor)

Wohnung von Zaina (F3)

Der schwerverletzte Nando bricht im Treppenaufgang zu-

sammen, wo er kurz darauf von seiner entsetzten Schwester Zaina gefunden wird.

In ihrer Wohnung reinigt und verbindet sie die Wunden des halb Bewusstlosen.

Trotz starker Schmerzen will Nando später die Wohnung verlassen, doch Zaina fängt ihn ab und bugsiert ihn zurück.

Kurze Zeit danach lauert der Killer Nando vor dem Treppenhaus auf.

Als er schließlich auch Zaina nachstellt, können Vianello und Brunetti gerade noch rechtzeitig das Schlimmste verhindern. (Castello 394, Campazzo de l'Erba)

Taschenladen (C3)

Direkt vor einem Handtaschenladen haben sich Afrikaner mit ihren gefälschten Waren niedergelassen, die sie beim Anblick des uniformierten Vianello in Windeseile zusammenraffen. Entsprechend aggressiv reagiert der Ladenbesitzer auf die Befragungen zum aktuellen Mordfall durch Commissario Brunetti und seinen gähnenden Kollegen. (San Marco 4600A, Calle del Teatro)

Dessousgeschäft (C2)

Amüsiert zeigt sich Paola angesichts ihres Gatten im Dessous-Geschäft und der Verkäuferin mit Paolas Spitzen in der Hand. Dermaßen blamiert flieht Brunetti vor dem Spott der Frauen. (Cannaregio 3684, Strada Nova)

14. Film: Blutige Steine

Brunetti mit Kollegen im Ristorante Pane, Vino e San Daniele (A4)

Ohne Erfolg müht sich der Commissario, die Aufmerksamkeit des Kellners zu erheischen, während seine beiden Kollegen bereits herzhaft zulangen. Allerdings vergeht Vianello bei Aurinos anschaulicher Schilderung seiner letzten Autopsie schnell der Appetit, so dass der Pathologe als Einziger am Tisch zufrieden sein Tiramisu verspeist. (Dorsoduro 1721, Campo de l'Anzolo Rafael)

Brunetti und Vianello beobachten das afrikanische Restaurant (F3)

Bei einem Caffè in der Bar observieren Brunetti und Vianello das schräg gegenüberliegende afrikanische Restaurant. Gerade als Brunetti sich von seinem Kollegen einen Tipp für Paolas Geburtstagsgeschenk erhofft, schlendern zwei Händler nach getaner Arbeit vorbei, und die Beamten nehmen die Verfolgung auf.

In realtà existiert die Bar (Castello 145, Campo Ruga), nicht aber das afrikanische Restaurant (Castello 313, Campo Ruga).

Palazzo von Claudio Stein (C4)

Commissario Brunetti trifft den Juwelier Claudio Stein malend auf dessen winziger Terrasse am Canal Grande an. Er bittet seinen Freund, ein paar „Steine" zu begutachten, die Claudio sofort als überaus wertvolle Diamanten identifiziert. (San Marco 2500, Sotoportego Barbarigo, *Bild rechts*)

Die Terrasse vor dem realen Eingangsportal (rechts) existiert nur im Film.

Garten des Altenheims von Brunettis Mutter

Garten des **Altenheims von Brunettis Mutter (B4)**

Wenig hilfreich erweist sich Brunettis Mutter, deren verzagter Sohn ihr eine konkrete Geschenkidee für Paola entlocken wollte. Ihre eigenen Wünsche formuliert die alte Dame umso deutlicher … (San Marco 3075, Ramo Malipiero, *Bild vorherige Seite*)

Der Mörder lauert Nando auf (F4)

Zum zweiten Mal verfehlt der Killer den ahnungslosen Nando nur knapp, weil ihm eine lärmende Kinderschar in die Schusslinie gerät.

Danach ist Nando wie vom Erdboden verschluckt. (Castello, Ponte Rielo, Fondamenta del Rielo)

Brunetti und Stein in der Osteria Naranzaria (C3)

In der hinter dem Markt gelegenen Osteria setzt Claudio Stein bei Wasser und Wein zu einem Fachreferat über Diamantenvorkommen an, wird jedoch von Brunetti ausgebremst. Dieser ist lediglich an zweckdienlichen Informationen

zum aktuellen Mordfall interessiert. (San Polo 137, Erberia)

Ospedale Civile (D2)

Unter starken Schmerzen schleppt sich Nando blutend ins Ospedale Civile, wo ihn seine als Pflegerin beschäftigte Schwester heimlich mit den nötigsten Medikamenten und Bargeld versorgt.

Etwas später ruft die um das Leben ihres Bruders fürchtende Zaina in der Questura an und bestellt den Commissario unverzüglich in eine Bar. (Castello, Campo Santi Giovanni e Paolo)

Buchladen (D2)

Auf seinem Heimweg fällt Brunettis Blick in der Auslage des Buchladens auf ein Kochbuch über Nouvelle Cuisine,

das ihn offensichtlich auf eine Idee bringt. (Cannaregio 6066A, Fondamenta del Piovan)

Nandos Tod (C3)

Nando überfällt den Commissario und bedroht ihn mit einem Messer, um ihm das Versteck der Diamanten abzuringen. Sein Opfer noch im Würgegriff umklammernd, wird Nando mit einem gezielten Schuss getötet. (San Polo 1172, Corte Barzizza)

Zaina wartet im Café (D2)

Zunehmend beunruhigt verlässt Zaina das Café, nachdem der Commissario nicht wie vereinbart erschienen ist.

In realtà handelt es sich nicht wie im Film behauptet um das Café Lavana in der Calle della Madonna, sondern um die Trattoria Cea. (Cannaregio 5336, Calle del Pestrin)

Innenhof von Paolas Universität (D2)

Vorbei an Sport treibenden Studenten begibt sich Brunetti in die Uni, um sich bei Professorin Mariotti über den afrikanischen Chokwe-Stamm zu informieren. Dabei macht er eine brisante Entdeckung. (Cannaregio 4942A, Fondamenta de Santa Caterina)

Pathologisches Institut (A3)

Brunetti bringt Zaina zum pathologischen Institut, damit sie sich von ihrem toten Bruder verabschieden kann. Doch der wurde nach Aussage von Dottor Aurino auf Befehl des Innenministeriums mitsamt allen Akten nach Rom abtransportiert. (Santa Croce 3519, Fondamenta del Rio Novo)

Brunetti und Patta im Ristorante La Fenice (C3)

Wutentbrannt stellt Brunetti seinen Chef in Hörweite der hohen Herren aus Rom zur Rede, die unter Vorspiegelung falscher Tatsachen den Fall der toten Afrikaner an sich gerissen haben. Patta reagiert, ganz wie es seine Art ist, mit der Aufforderung, der Commissario möge am nächsten Tag sein Versetzungsgesuch einreichen. (San Marco 1939, Campiello Marinoni)

Vor Brunettis Wohnung (C2)

Niedergeschlagen aufgrund der aktuellen Entwicklungen trottet der Commissario tief in der Nacht nach Hause und kann zumindest seiner Paola als Erster zu ihrem Geburtstag gratulieren. Am nächsten Tag will er gerade mit einem Blumenstrauß in der Hand das Haus betreten, als Vianello und Elettra bei ihm aufkreuzen. Aufgrund einer unbedachten Äußerung Pattas schwebt Zaina in höchster Gefahr, die sofortiges Handeln verlangt und Elettra in den Genuss des Blumenstraußes bringt. (Cannaregio 3586A, Fondamenta de la Misericordia)

Flughafen Marco Polo
Er ist mit dem Boot schon fast am Flughafen angekommen, als der Killer einen Anruf erhält, der ihn auf der Stelle wenden und zurück in die Stadt brausen lässt.

Gemüseschiff in der Via Garibaldi (F4)

Beim entspannten Einkaufen am Gemüseboot trifft Vianello zufällig den Commissario. Stolz präsentiert er ihm seinen kleinen Sohn Federico, der prompt so lauthals zu kreischen beginnt, dass Brunetti unter einem Vorwand das Weite sucht.

(Castello, Via Garibaldi/Fondamenta Sant'Anna)

Ristorante auf San Giorgio (D4)
Nach Brunettis missglücktem Kochabenteuer führt er Paola an ihrem Geburtstag stilvoll zum romantischen Dinner auf die Isola San Giorgio mit traumhaftem Blick auf die Serenissima aus.

In realtà existiert kein Restaurant auf der Isola San Giorgio.

Blick von der Riva dei Schiavoni auf die Isola San Giorgio

Glasskulptur an der Ponte San Pietro Martire auf Murano

15. Film: Wie durch ein dunkles Glas

15. Film: Wie durch ein dunkles Glas

Der als Unfall getarnte Mord an Fabrikbesitzer de Cal führt Commissario Brunetti und seine Kollegen auf die Glasbläserinsel Murano.

Die Tochter des Verstorbenen Assunta de Cal nimmt den Tod ihres Vaters erstaunlich gelassen auf und stürzt sich mit Feuereifer in die Leitung der Fabrik. De Cal hatte ihr eine Menge unbezahlter Rechnungen und verärgerte Lieferanten hinterlassen. Sehr zum Verdruss von Glasbläser Sergio ist der gewinnende Chef der Nachbarfabrik, Gianluca Fasano, stets zur Stelle, wenn sie Unterstützung benötigt.

Der Nachtwärter Giorgio Tassini zeigt sich ebenfalls nicht sehr betrübt ob der Todesnachricht. Er verwendet im Gegenteil seit der Geburt seiner Tochter Emma alle Zeit und Geld, um de Cal den gesundheitsgefährdenden Umgang mit Chemikalien nachzuweisen, die seiner Meinung nach zu der Behinderung von Emma geführt haben. Die unzähligen Briefe, die er diesbezüglich an die Questura geschrieben hat, blieben unbeantwortet. Doch als sich der Commissario ernsthaft mit seinen Chemieanalysen auseinandersetzen will, macht Tassini einen Rückzieher und wird kurz darauf komplett aus dem Verkehr gezogen.

Brunettis Aufmerksamkeit richtet sich nun immer mehr auf Fasano, der als grüner Bürgermeisterkandidat mit dem Versprechen antritt, Venedig vor der ökologischen Katastrophe zu bewahren.

Vor seiner eigenen Fabrik scheint er es mit der Ökologie nicht so ernst zu nehmen, wie die Ergebnisse von Tassinis Recherchen beweisen: Nicht nur de Cal, auch Fasano hat jahrelang ungeklärte, hochgiftige Abwasser in die Lagune von Venedig eingeleitet. Der Stern des grünen Hoffnungsträgers beginnt unaufhaltsam zu sinken …

15. Film: Wie durch ein dunkles Glas

Ebenso wie Fasano fühlt sich auch Vice-Questore Patta zu Höherem berufen und bereitet sich auf seine Beförderung durch den angekündigten Dottor Savelli aus dem Ministerium vor. Der stellt sich leider als namensgleicher Vertreter einer Kopierfirma heraus, und Patta muss weiter Dienst in der Questura schieben.

Der Commissario indes kämpft selbst zu Hause gegen das Verbrechen, das sich in Form von Tante Sofia bei ihnen eingenistet hat. Die „erwirtschaftet" sich vorgeblich durch Gartenarbeit, tatsächlich aber durch eine gehörige Portion krimineller Energie eine eigene Wohnung und lässt sich nur bedingt auf den Pfad der Tugend zurückführen.

De Cals Fornace, seeseitiger Eingang (Murano)

Mit dem Polizeiboot wird Brunetti zur Glasfabrik auf Murano gefahren, wo er bereits von seinem Kollegen erwartet wird. Schonend bereitet Vianello den Commissario auf den unschönen Anblick des verstorbenen Fabrikbesitzers Giovanni de Cal vor.

Später berichtet dessen Tochter dem Bürgermeisterkandidaten Fasano erschüttert, dass ihr Vater mit Chemikalien verseuchtes Abwasser ungeklärt in die Lagune geleitet habe.

Tage danach lassen Brunetti und Vianello einen schwer angeschlagenen Fasano zurück, um im Parkhaus sein Alibi zu überprüfen. (Murano, Calle drio i Orti 12)

Der Flughafenanleger

Flughafen Marco Polo

In letzter Minute erreicht Brunetti den Flughafenanleger, um gemeinsam mit Paola seine missratene Tante Sofia abzuholen. Brunettis Mutter hatte sich vor der Begegnung mit ihrer Schwester gedrückt, was den Commissario noch verdrießlicher stimmt. *(Bild links)*

Pathologisches Institut (A3)

Bei ihrem kurzen Besuch in der Pathologie klärt Dottor Aurino die beiden Beamten über die genaueren Todesumstände von Giovanni de Cal auf, dessen Sterben so ganz natürlich nicht war. (Santa Croce 3519, Fondamenta del Rio Novo)

Blick den Kanal entlang vorbei am „pathologischen Institut"

Anleger Colonna (Murano)

Während am Anleger Passanten zum Besuch einer Glasmanufaktur genötigt werden, philosophiert Brunetti auf dem Weg zu de Cals Fabrik über den Wandel der traditionellen Glasbläserinsel hin zu einer von chinesischen Fälschungen überschwemmten Touristenfalle. (Murano, Piazzale alla Colonna)

De Cals Fornace, landseitiger Eingang (Murano)

Diesmal benutzen Brunetti und Vianello den landseitigen Eingang der Glasbläserei von de Cal und konfrontieren die nur mäßig interessierte Assunta de Cal mit den neuesten Erkenntnissen über das Ableben ihres Vaters. (Murano, Calle drio i Orti 12)

Brunetti und Vianello begegnen Fasano (Murano)

Im Gegensatz zu Brunetti gerät Vianello kurz aus dem Häuschen als sein politisches Idol Fasano an ihnen vorüber eilt und noch rasch ein paar potentielle Jungwählerinnen mit seinem Autogramm beglückt. (Murano, Ponte San Pietro Martire)

Wohnung der Tassinis (C1)

Einigermaßen ratlos verlassen Brunetti und Vianello die Wohnung von de Cals Nachtwächter Giorgio Tassini. Der will erst jetzt vom Tod seines verhassten Chefs erfahren haben, und auch sonst scheint niemand ernsthaft um de Cal zu trauern.

Als Tassini das nächste Mal nach Hause kommt, findet er einen Brief vor, der seinen Verdacht bestätigt, dass er in de Cals Fabrik hochtoxischen Substanzen ausgesetzt war. (Cannaregio 3509, Calle Larga Piave)

Vermeintlicher Garten von Brunettis Tante (B4)

Begeistert zeigt Tante Sofia den Brunettis ihren hinter hohen Mauern versteckten, verwunschenen Garten. Auf die aktive Mitarbeit der Familie muss sie allerdings verzichten, nur dem braven Raffi fällt nicht schnell genug eine Ausrede ein.

Immerhin versorgt Chiara die hart Schuftenden mit Pizza und weiß zu berichten, dass das grüne Kleinod mittlerweile Stadtgespräch ist.

Beim nächsten Einsatz taucht schon der erste Kaufinteressierte auf und ködert Sofia mit einem Batzen Geld, welchen die gerne annimmt.

Sofia treibt dieses Spiel unzählige Male, unter anderem auch als Chiara ihren Bruder bei der Arbeit besucht. Langsam zweifeln die Geschwister (wie ihr Vater schon lange) an der Integrität von Tante Sofia.

Doch erst als plötzlich die wahre Besitzerin des Gartens auftaucht, dämmert es Raffi, dass die Tante ganz andere Ziele als eine schnöde Gartenverschönerung verfolgt hatte. (Dorsoduro 932, Fondamenta Nani, *Bild nächste Seite*)

Unterhalb der Kirche ragen die Bäume des Gartens heraus.

Trattoria Al Corallo (Murano)

Bei einem Glas Weißwein gönnt sich der Commissario eine kleine Pause im Corallo. Auf zwei alten Fotographien an der Wand entdeckt er seinen Vater, der seinerzeit, ebenso wie der Vater des Wirts, in einer Glasfabrik auf Murano gearbeitet hatte.

Kurz danach isst er im Corallo zu Abend, um ausführlicher mit dem Wirt über die guten alten Glasbläserzeiten und die Profitgier von de Cal zu plaudern.

Auch der vom Stress der letzten Tage gezeichnete Gianluca Fasano nimmt sich hier eine kurze Auszeit – sein eigenes Konterfei auf den Wahlplakaten vor Augen. (Murano, Fondamenta dei Vetrai 73)

De Cals Fornace, Lagunenanschluss (Murano)
Unsicher, wonach er hier eigentlich suchen soll, tritt Vianello am Lagunenanschluss von de Cals Fabrik versehentlich in eine übel aussehende gelbe Pampe, die sich bei der Analyse als hochgiftiger Chemikaliencocktail erweist.

Assunta gesteht Brunetti und Vianello, dass ihr Vater ohne ihr Wissen die Fabrikabwässer ungefiltert in die Lagune geleitet hatte, und dass sie deswegen von Tassini erpresst wurde.

Die Beamten gehen der Sache auf den Grund und lassen das Erdreich ausbaggern, bis sie die Rohre finden, die ausgerechnet auch in die Nachbarfabrik des grünen Bürgermeisterkandidaten Fasano führen.
(Sacca Serenella)

Vor dem zweiten Landeingang von de Cals Fornace hat man einen schönen Ausblick hinüber zur Friedhofsinsel San Michele und nach Venedig.

Vor de Cals zweitem Landeingang (Murano)

Noch bevor Assunta geschmeichelt Fasanos Essenseinladung annehmen kann, stört der eifersüchtige Sergio das Idyll mit dem Hinweis, die Polizei sei mal wieder in der Fabrik. (Murano, Calle San Cipriano 48)

Fasanos Dachterrasse

Fasanos Dachterrasse (B3)

Für einen grünen Politiker logiert Fasano ausgesprochen nobel in einem Anwesen am Canal Grande. Auf seiner Dachterrasse, die der von Brunetti in nichts nachsteht, stellt er sich souverän den kritischen Fragen des Commissario, dieweil ihn Vianello nur selig anlächelt.

Am selben Abend erhält Fasano wesentlich reizvolleren Besuch von Assunta, die seinen Verführungskünsten aber immer noch charmant widersteht. (San Marco 3409, Corte del Magazen, *Bild vorherige Seite*)

Patta betrinkt sich (D2)

Einsam gibt sich Vice-Questore Patta im Café am Campo Santi Giovanni e Paolo einer Flasche Grappa hin, als sich Brunetti und Vianello, ohne ihn zu bemerken, an den Nebentisch setzen. Patta entdeckt seine Kollegen sofort und

wankt freudig zu ihnen hinüber. Dem Commissario gelingt gerade eben die Flucht, so dass Vianello alleine das zweifelhafte Vergnügen bleibt, seinem beschwipsten Chef Gesellschaft zu leisten.

Mit einem Einsatzbefehl erlöst Brunetti kurze Zeit später seinen Kollegen von Pattas trunkenen Vertraulichkeiten. (Bar Rosa Salva, Castello 6780, Campo Santi Giovanni e Paolo)

Die Brunettis auf dem Zattere (B4)
Tante Sofia eröffnet den Brunettis, dass sie mit ihrem „rechtmäßig" erworbenen Geld eine eigene Wohnung erstanden hat, was der gesetzestreue Commissario gar nicht gutheißen kann. Doch die Alternative wäre zu entsetzlich, als dass er auf der Rückzahlung bestehen würde ... (Dorsoduro, Ponte Longo)

Vor dem Istituto Veneto erlebt Patta eine herbe Enttäuschung.

16. Film: Lasset die Kinder zu mir kommen

16. Film: Lasset die Kinder zu mir kommen

Ein glücklicher Familienvater, der Kinderarzt Gustavo Pedrolli, wird Opfer eines gewaltsamen Einsatzes durch die Carabinieri, die ihn erst in seiner eigenen Wohnung krankenhausreif schlagen und dann im Ospedale Civile unter polizeiliche Bewachung stellen.

Pedrolli hatte den kleinen Alfredo illegal adoptiert und steht jetzt unter Verdacht, dessen leibliche Mutter, Rozafa Krasnic, umgebracht zu haben, weil die ihren Sohn zurück haben wollte. Bei der Entbindung war ihr von dem Arzt Dottor Linero vorgetäuscht worden, dass ihr Sohn gleich nach der Geburt gestorben sei.

Brunetti glaubt nicht an die Schuld Pedrollis und missbilligt die derben Methoden des Befehl führenden Capitano Marvilli so sehr, dass er bei der Staatsanwaltschaft die Übertragung des Falles an die Polizia und damit an ihn, beantragt. Doch die beiden raufen sich zusammen, ermitteln fortan gemeinsam und stöbern dabei Rozafas illegal in Venedig lebenden Cousin Sorim auf, dem sie zunächst keine besondere Bedeutung zumessen.

Da hat die findige Elettra die zündende Idee, sich mit ihrem Chef als verzweifeltes kinderloses Ehepaar auszugeben, und zusammen suchen sie die Adoptionsvermittlungsstelle in Verona auf, von denen auch die Pedrollis ihren Alfredo erhalten hatten. Kurze Zeit später dürfen sie sich freuen, gegen eine Anzahlung von 10 000 Euro bald ein kleines weißes Kind ihr Eigen zu nennen … Brunetti kann den Kontaktmann und Krankenhausarzt Dottor Linero der illegalen Adoptionsvermittlung überführen, doch seine Hoffnung, damit dem Mörder auf die Spur zu kommen, erfüllt sich nicht. Hier kommt Vianellos große Stunde, der sich zu Brunettis Ärger mehr mit dem vermeintlichen Abrechnungsbetrug

16. Film: Lasset die Kinder zu mir kommen

des fundamentalistischen Apothekers Franchi beschäftigt, als mit dem aktuellen Fall. Auf dem Computer Franchis findet der Sergente illegal beschaffte Daten unter anderem auch von Bianca Pedrolli, die ein Geheimnis enthüllen, das sie bislang nur mit ihrem rechtskonservativen Vater, Giovanni Marcolini, geteilt hat …

Berührt vom Schicksal des kleinen Alfredo begibt sich Chiara Brunetti auf Spurensuche in ihre Vergangenheit. Sie war als Baby vertauscht worden und lebte für drei Tage in einer anderen Familie. Nach einem Besuch dort weiß sie ihre eigene Familie, selbst ihren Bruder Raffi, wieder mehr zu schätzen.

Vice-Questore Patta bereitet sich und seine genervten Untergebenen zwischenzeitlich auf sein gesundheitsbedingtes Sabbatical vor. Umgehend von der hohen Gesellschaft Venedigs ausgeschlossen, erfährt er eine Spontanheilung und kehrt zur mäßigen Freude aller Beteiligten wieder in den Dienst zurück.

Wohnung der Pedrollis (B4)

Das vermeintliche Familienidyll der Pedrollis wird blitzartig zerstört, als in der Nacht fremde Männer gewaltsam in die Wohnung eindringen und Signor Pedrolli vor den Augen seiner fassungslosen Frau brutal zusammenschlagen wird. (San Marco 3052, Corte Sforza)

Nota bene: In der Verfilmung von „Die dunkle Stunde der Serenissima" befindet sich die Wohnung von Signora Jacobs ebenfalls in diesem Haus.

234

Ausblick vom Palazzo der Pedrollis auf das gegenüberliegende Ufer des Canal Grande

Ospedale Civile (D2)

Von Vianello telefonisch aus dem Bett gerissen, fährt der Commissario in die Notaufnahme des Ospedale Civile, wo der schwerverletzte Kinderarzt Pedrolli eingeliefert wurde. Schnell stellt sich heraus, dass der keineswegs einem Überfall sondern einem Verhaftungskommando der örtlichen Carabinieri zum Opfer fiel. Die Anklage lautet auf Mordverdacht.

Bei seinem nächsten Besuch im Ospedale wird der Commissario Zeuge der außerordentlich barschen Vernehmung des geschwächten Pedrolli durch Marvilli und droht dem Capitano, ihm wegen Befangenheit den Fall durch die Staatsanwaltschaft entziehen zu lassen.

Viel heftiger trifft den Kinderarzt indes die Unterredung mit seiner Frau, die ihm erstaunlich unbeteiligt eröffnet, dass das Jugendamt am nächsten Tag ihren Adoptivsohn Alfredo abholen wird. (Castello, Campo Santi Giovanni e Paolo)

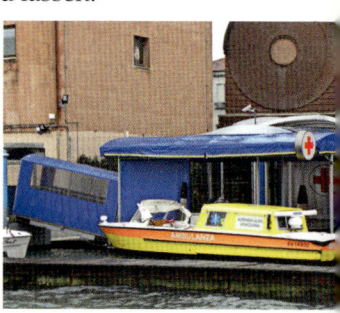

Brunetti und Vianello im Café (D2)

Nach ihrem frühmorgendlichen Einsatz erlauben sich die beiden Beamten einen Cappuccino am weit entfernten Campo Santa Margherita, weil Vianello die dort gelegene Apotheke observieren möchte. Er ködert den unwilligen Commissario mit der Aussicht auf den angeblich „besten Caffè der Stadt".

In realtà sitzen sie am direkt beim Ospedale gelegenen Campo Santi Giovanni e Paolo in der Bar Rosa Salva. (Castello 6780, Campo Santi Giovanni e Paolo)

*Die Colleoni-Statue auf dem Campo
Santi Giovanni e Paolo*

Apotheke von Signor Franchi (B3)

Vianello nutzt die Gunst der Stunde und konfisziert nach einem Einbruch in die Apotheke den Computer des bigotten Inhabers Signor Franchi. Obwohl Brunetti die unverhältnismäßige Aktion nicht gutheißen kann, genehmigt er gegen Franchis erbitterten Widerstand die Beschlagnahmung für eine Nacht. Nach Auswertung der Daten konfrontieren die beiden Beamten den Apotheker mit dessen „gottgefälliger" Praxis, rechtschaffene Bürger vor manchem seiner „in „Sünde lebenden" Kunden zu „schützen". Allerdings können auch Vianello und Brunetti Franchis Erkenntnisse über Bianca Pedrolli, obschon aus anderen Gründen, nicht gutheißen ... (Dorsoduro 3962, Calle de la Chiesa)

Delikatessenladen (C2)

Anhand der Brotsorte kann der Feinkosthändler die Herkunft des Gänsestopfleberpastetenbrötchens, das der Commissario in der Tasche der Toten gefunden hat, auf drei Restaurants eingrenzen. Der Laden selbst hat aus Tierschutzgründen keine solchen Produkte im Angebot. (Casa del Parmigiano, San Polo 214, Mercato)

Osteria Naranzaria (C3)

Beim Abendessen im trauten Familienkreis kommt die Sprache auf Chiaras Intermezzo als Neugeborene bei einer fremden Familie. Von ihrer Mutter über die Verwechslung aufgeklärt würde sie gerne ihre „Beinahe-Eltern" kennenlernen. Familiäre Interna weiß Paola auch von Bianca Pedrolli und ihrem Vater Signor Marcolini zu berichten. (San Polo 137, Erberia)

Patta kauft Blumen (D2)

Vice-Questore Patta ersteht am Blumenstand ein kleines Sträußlein für Signorina Elettra, mit dem er in der Questura angesichts eines gewaltigen Blumenbuketts nur knapp einer Blamage entgeht.

In realtà befindet sich kein solcher Stand am Campo. (Castello, Campo Santi Giovanni e Paolo, *Bild nächste Seite*)

240

Der Blumenstand war ungefähr an Stelle der Malerin rechts im Bild aufgestellt.

Damm (A1)
Als die Signori Brunini fahren Brunetti und seine Sekretärin zur Adoptionsvermittlung nach Verona. Im Zug besiegeln Sie Ihre „Ehe" mittels von Elettra gestifteten Ringen, und ein Schaffner gratuliert dem jungen Glück, so dass die Tarnung perfekter nicht sein kann.

Staatsanwaltschaft (C2)
Commissario Brunetti und Capitano Marvilli betreten gemeinsam die Staatsanwaltschaft, um von höherer Ebene entscheiden zu lassen, wer von beiden für die Aufklärung des Mordes an Rozafa zuständig sein soll. Wie zu erwarten bekommt der Commissario trotz einer Ermittlungspanne den Fall zugesprochen, was der aber ablehnt und dem überraschten Capitano eine Zusammenarbeit anbietet. (Cannaregio 2386, Fondamenta Diedo)

Nota bene: In der Verfilmung von „Beweise, dass es böse ist" ist in diesem Gebäude die Schulbehörde untergebracht.

Küchenausgang der Trattoria alla Madonna (C3)

Bei einer unangemeldeten Razzia in der Trattoria alla Madonna wird ein junger Albaner vom heißblütigen Marvilli rabiat an der Flucht gehindert. Erheblich zartfühlender entlockt Brunetti dem illegalen Einwanderer, ein Cousin Rozafas zu sein, die ihn kurz vor ihrem Tod noch um Hilfe bezüglich ihres entführten Kindes gebeten hat. (San Polo 590, Calle de la Madona)

Ristorante Quadri (D3)

Uhrenturm nahe dem Ristorante Quadri auf der Piazza San Marco

Mit der verlangten Anzahlung in der Tasche treffen sich Elettra und Brunetti alias die Signori Brunini mit ihrem Adoptionsvermittler im Café Quadri. Der kann sich nicht lange über den Geldsegen freuen, stellt doch der harmlose Signor Brunini plötzlich unbequeme Fragen und im Hintergrund nähert sich bedrohlich Capitano Marvilli mit seinem Gefolge. (San Marco 120, Piazza San Marco)

Empfang des Bürgermeisters (B4)

Beschwingt eilt Patta zum jährlichen Bankett des Bürgermeisters, als ihm von freundlichen, aber bestimmten Empfangsdamen der Einlass verwehrt wird. Sein Name steht nicht auf der Gästeliste, und als Vice-Questore wurde bereits sein Nachfolger geladen. (Istituto Veneto, San Marco 2847, Campo San Vidal)

Vor Brunettis Wohnung (C2)

Sergente Vianello fängt seinen Chef vor dessen Haustüre ab und vermeldet ihm stolz die Ergebnisse seiner Datenüberprüfung des Apothekers Franchi, die unerwartet zur Aufklärung des Mordfalles beitragen könnten. Gemeinsam brausen sie im Polizeiboot zur Apotheke. (Cannaregio 3586A, Fondamenta de la Misericordia)

Residenz von Signor Marcolini (B4)

Überrumpelt von der Tatsache, dass der Commissario um ihr Familiengeheimnis weiß, gestehen Signor Marcolini und seine Tochter Bianca Pedrolli, der mittlerweile getöteten Rozafa 20 000 Euro gegeben zu haben, damit sie mit Alfredo in ihre Heimat zurückkehrt. (Dorsoduro 866, Piscina del Forner)

Rechts im Vordergrund der Palazzo von Signor Marcolini

Verwunschener Garten gegenüber der Wohnung von Signora Vega

17. Film:

Das Mädchen seiner Träume

17. Film: Das Mädchen seiner Träume

Ein kleines Mädchen treibt leblos in Venedigs Kanälen und niemand scheint es zu vermissen.

Anhand eines bei dem Mädchen gefundenen, offensichtlich gestohlenen Ringes kann Signorina Elettra dessen Besitzerin Ursula Fornari ausfindig machen, die bis dato den Verlust nicht einmal festgestellt hat.

Erstaunlicherweise gelingt diesmal Vize-Questore Patta der kriminalistische Durchbruch, indem er sich an eine Fotografie des toten Mädchen in einer Ausstellung erinnert. Es stammt aus einem Roma-Camp auf dem Festland, wo die Bewohner naturgemäß der Polizei, hier vor allem den örtlichen Carabinieri, misstrauen und deshalb Arianas Verschwinden nicht gemeldet hatten. Deren Todesumstände bleiben weiterhin rätselhaft, zumal Signora Fornaris krankhaft eifersüchtiger Gatte das polizeiliche Siegel zu seiner Wohnung ignoriert und etwaige Spuren verwischt hatte. Erst Arianas kleiner Bruder Tarik bringt mit seiner Erwähnung eines „Tigermannes", der ihn und seine Schwester bei ihrer Diebestour erschreckt hatte, die festgefahrenen Ermittlungen wieder ins Rollen. Aus Angst verschweigt er ein wesentliches Detail, was dem „Tigermann" einige ungemütliche Stunden mit Tariks aufgebrachter Tante Rani einbringt. Letztlich ist es der Sprecher der Roma selbst, der sein Schweigen bricht und dem perplexen Commissario die unerwartete Lösung quasi auf dem Silbertablett serviert.

Vize-Questore Patta kommt der aktuelle Fall sehr gelegen, will er doch beim Ministerium in Rom durch seinen politisch korrekten Umgang mit „Mitbürgern mit Migrationshintergrund", die man nicht mehr als Ausländer bezeichnen darf, punkten. Flugs ernennt er seinen Lakaien Alvise zum Beauftragten für ethnische Minderheiten und setzt für alle

Mitarbeiter eine Prüfung zum besseren Verständnis fremder Kulturen an. Schade nur, dass er als Einziger bei dem Test versagt, weil Signorina Elettra ihn nicht abschreiben ließ.

In der Familie Brunetti dagegen herrscht Trauer über den Tod ihrer geliebten Oma und Mutter. Raffi und Chiara lenken sich ab, in dem sie das Zimmer der Verstorbenen ausräumen und dabei zwei Verehrer ihrer Oma kennenlernen, die besser nichts voneinander wissen sollten.

Ihr gerührter Vater indes deckt erst jetzt eine fromme Lüge seiner Mutter auf, die ihn weiland vor einem teuren Internat in der fernen Schweiz bewahrt hat.

Fundort des toten Mädchens (E3)

Auf ihrer Tour mit dem Reinigungsboot durch Venedigs Kanäle verfängt sich zum Entsetzen der beiden Arbeiter die Leiche eines Kindes im Treibgutrechen.

Ein uniformierter Kollege führt den Commissario und seinen Sergente zu dem toten Mädchen am Kanalufer, wo ihnen Vianello mühsam einen Weg durch die Schaulustigen bahnen muss. (Castello, Campo Santa Giustina)

Friedhofsinsel San Michele (D/E1)

Tief bewegt nehmen Familie und Freunde am Grab Abschied von Brunettis verstorbener Mutter. Raffi kämpft unter dem monotonen Singsang des Pfarrers mit den Tränen, dabei schweifen Brunettis Gedanken zu seiner unbeschwerten Kindheit in einem einfachen Wohnviertel Venedigs. Mit der gestohlen geglaubten, aber in ihren Hinterlassenschaften wieder gefundenen Brosche begibt er sich nochmal in tiefer Dankbarkeit alleine ans Grab seiner Mutter.

Vor der Wohnung der Fornaris (B3)

Vianello zeigt seinem Chef eine an der Mauer des Hauses der Fornaris angebrachte Markierung, welche Eingeweihten dieses Objekt als lukrativ für einen Einbruch empfiehlt. Offensichtlich ein guter Hinweis, hat doch Ursula Fornari bis zum Eintreffen der beiden Beamten weder etwas vom Diebstahl ihrer Wertsachen bemerkt, noch scheint sie sonderlich betrübt deswegen zu sein.

Ihr heißblütiger Gatte Eduardo schert sich nicht um das amtliche Siegel an seiner Wohnungstür und bricht es zum Verdruss der Spurensicherung kurzerhand auf. Die Rechtfertigung für seine heimliche Manipulation der Deckenlampe verblüfft selbst den versierten Commissario.

Die Spurensicherung bestätigt auch Brunettis These, dass das Mädchen über ein Baugerüst ins Haus gelangt sein kann, allerdings deutet alles auf zwei Kinder hin. (Dorsoduro 3593, Fondamenta del Malcanton)

Dachterrasse der Fornaris (B3)

Von der Dachterrasse der Fornaris rekonstruiert Vianello den möglichen Tathergang und Todessturz des bislang noch unbekannten Mädchens, doch sein Kollege ist skeptisch.

Um einiges einleuchtender ist später die Version des „Tigermannes", der zwei Kinder in flagranti in der Wohnung der Fornaris ertappt und seine eigenen Gründe hatte, sich nicht der Polizei zu offenbaren.

Die anschließenden Balancierkünste des Commissario auf dem Dachfirst versetzen den höhenängstlichen Vianello in Angst und Schrecken. (San Polo 2895, Calle Dandolo)

In realtà ist die Dachterrasse am besten vom Traghetto Samule zu sehen.

Vor der Wohnung der Fotografin Rani Vega (B4)

Zielstrebig läuft ein kleiner Junge zu dem Mehrfamilienhaus am Fuß der Brücke, wird jedoch von einer Bewohnerin rüde am Betreten gehindert und verjagt.

Bei seinem zweiten Versuch in das Haus zu gelangen, hat das Kind wieder Pech. Diesmal flieht es vor dem uniformierten Vianello, der mit Brunetti das gleiche Ziel wie der Junge hat. Endlich klärt sich die Identität des toten Mädchens, das sich als Nichte der ahnungslosen Bewohnerin Rani Vega herausstellt.

Die Beamten überreden die Fotografin Vega, sie ins Camp der Roma zu begleiten und chauffieren sie anschließend im Boot direkt bis vor ihre Haustüre

In realtà befindet sich die Wohnung im Sestiere Dorsoduro und nicht, wie im Film kolportiert, in Castello. (Dorsoduro 1124, Fondamenta Bonlini)

Die Kirche aus Brunettis Kindheit (E3)

Ein Traum bringt Brunetti zurück in seine Kindheit, in dem er von seiner Mutter bei einem Pfarrer abgeliefert wird, um eine höhere Schule zu besuchen und eventuell Priester zu werden. Der Abschied fällt Mutter und Söhnchen sichtlich schwer. (Castello, Chiesa San Francesco de la Vigna)

Fotogeschäft (B4)

Raffi rennt aus dem Fotogeschäft zu der wartenden Chiara. Kurz davor wurden die Fotos ihrer Oma bereits von einem ihrer Verehrer abgeholt, und die Geschwister nehmen seine Verfolgung auf. (Dorsoduro 2768, Campo San Barnaba)

Garten des Altenheims von Brunettis Mutter (B4)

Im Garten des Altenheims holen Raffi und Chiara den liebenswerten Signore ein, der zu ihrer Erleichterung die Fotos noch nicht angesehen hat. Während sich der ältere Herr seine Brille besorgt, durchforsten sie hektisch die Aufnahmen und sortieren sie nach den zwei verschiedenen Getreuen ihrer Oma. (San Marco 3075, Ramo Malipiero)

Piazzetta San Marco (D3/4)

Verborgen hinter den Arkaden des Dogenpalastes observiert der Carabiniere zwei bettelnde Kinder, die arglosen, von der Schönheit der Paläste geblendeten Touristen unbemerkt die Taschen leeren. Doch die Amerikaner haben Glück: die Kinder werden aufgegriffen, und die dankbaren Geschädigten bekommen ihre Wertsachen zurück.

Blick über die Piazetta San Marco hinüber zur Isola San Giorgio

Am Haupteingang des Arsenale

Der kleine Balkon in der Bildmitte interessiert Brunetti und Vianello.

Signora Vega trifft den „Tigermann" (E3)

Unter dem Vorwand, ein Interview mit ihm führen zu wollen, bestellt Rani Vega den selbstgefälligen „Tigermann" zum Arsenale, wo sie mit drastischen Mitteln versucht, ihm ein Geständnis abzuringen. Gerade noch rechtzeitig können Brunetti und Vianello das Schlimmste verhindern. (Arsenale, *Bild S. 256/257*)

Balkon von Fornaris Nachbarn (B3)

Eigentlich wollten Brunetti und Vianello nur den Balkon unterhalb Fornaris Dachterrasse in Augenschein nehmen, bekommen jedoch von dessen Besitzer unbeabsichtigt einen entscheidenden Hinweis. Dass der ihre polizeiliche Kompetenz in Frage stellt, nehmen sie billigend in Kauf.

Vom Wasser aus begutachten die beiden nochmal die Lage des Balkons und diskutieren den geänderten Tatbestand. (San Polo 2895, Calle Dandolo, *Bild links*)

Wohnung des Carabiniere (B3)

Überrumpelt von dem Aufgebot an Polizisten lässt der Carabiniere sich widerstandslos festnehmen. In seiner Wohnung wurde Diebesgut gefunden, das die „Zigeunerkinder", bei ihm abliefern mussten. (Dorsoduro 3920, Calle Larga Foscari)

Im ersten Stock liegt die Wohnung des Carabiniere.

Guarinos Flucht führt auch über die Ponte de la Piova.

18. Film:

Schöner Schein

18. Film: Schöner Schein

Während Commissario Brunetti einen verblüffend angenehmen Abend bei einem der von ihm verhassten Empfänge im Palazzo seines Schwiegervaters verbringt, wird Stefano Ranzato in seiner Wohnung tödlich von einer Kugel getroffen.

Signorina Elettras Buchprüfungen ergeben, dass Ranzatos Spedition bis auf den Obst- und Gemüsehandel Barbaro ausschließlich Briefkastenfirmen aufgeführt hatte. Der hitzige Antonio Barbaro verbittet sich jegliche Einmischung in seine Geschäfte und vergnügt sich lieber mit der schönen Franca Cataldo. Der Verdacht liegt nahe, dass bei dem zwei Mal wegen Mordes angeklagten, aber nie verurteilten Barbaro die Mafia mit ihm Spiel ist.

Schnelle Aufklärung erhoffen sich die Beamten durch die Festnahme des vermeintlichen Mörders Filippo Guarino, der sich jedoch als Mitglied einer Spezialeinheit zur Bekämpfung der Mafia herausstellt und den Commissario in nicht geringe Kalamitäten bringt: Ist Brunetti nicht der geheimnisvollen Signora Cataldo mehr als nur zugeneigt und plant nicht sein Schwiegervater den Einstieg ins lukrative Müllgeschäft mit deren Gatten?

Dass das Ehepaar Cataldo in Kontakt mit dem in kriminelle Machenschaften verwickelten Ranzato stand, erfährt der Commissario erst jetzt und es erschüttert ihn so tief, dass er den Fall eigentlich wegen Befangenheit abgeben will. Doch dann wird auch Guarino liquidiert und der bereits zwei Jahre zurückliegende Mord an einem Zahnarzt erweist sich als Schlüssel zur Aufklärung aller anderen Verbrechen.
Brunetti gelingt es, das mafiöse Knäuel zu entwirren, und er bringt mit der tatkräftigen Hilfe von Franca Cataldo und Vice-Questore Patta den Mörder zur Strecke.

Engagiert wie nie bringt sich diesmal Patta mit unterschiedlicher Fortune in den Fall ein, steht er doch kurz vor seiner Pensionierung, womit er sich nicht so recht abfinden mag. Signorina Elettra schließlich erbarmt sich seiner und verhindert mit den ihr eigenen Mitteln den gefürchteten Ruhestand.

Brunettis Ehefrieden wird aufgrund der diversen Beziehungen zu den Cataldos auf eine harte Probe gestellt. Doch bei einem Glas Spritz vor der malerischen Kulisse der Serenissima ist die Welt wieder in Ordnung.

Residenz der Faliers (C3)

In düsterer Erwartung eines sich quälend dahinziehenden Abends begleitet der Commissario seine Paola zu einem gesellschaftlichen Empfang im Palazzo ihrer adeligen Eltern am Canal Grande. Doch statt des gefürchteten Austausches von Belanglosigkeiten führt ihr Gatte zu Paolas Amüsement geistreiche Gespräche mit der belesenen Signora Cataldo.

Als Brunetti seinen Schwiegervater nach einem gemeinsamen Galerie-Besuch nach Hause begleitet, werden sie vom gegenüberliegenden Ufer heimlich von Guarino fotografiert. (San Polo 1364, Calle del Papadopoli)

Vor der Wohnung von Signor Ranzato (B4)

Zu später Stunde verlässt der mutmaßliche Mörder das Haus von Stefano Ranzato und hat nicht mit der Gassi gehenden Nachbarin gerechnet, die ihn neugierig beäugt. Die dem Toten abgenommenen Wertsachen entsorgt Guarino kurzerhand im Canal Grande.

Am nächsten Morgen haben sich bereits etliche Schaulustige vor dem Haus versammelt, um mit leicht wohligem Schaudern den Transport des Sarges zu verfolgen und Mutmaßungen über das Geschehene anzustellen. (San Marco 3200, Salizada Malipiero)

Wohnung von Signor Ranzato (C4)

Gemeinsam mit der Spurensicherung inspizieren Brunetti und sein Kollege Wohnung und Balkon des Getöteten, wobei der Commissario den Ausführungen Vianellos herzlich wenig Beachtung schenkt. (San Marco 2809, Portico Pisani)

Ranzatos Wohnung liegt im zweiten Stock.

Gondelformation vor Ranzatos Haus

Hotel von Guarino (B3)

Von seinem Hotelzimmer aus ruft Filippo Guarino Signor Cataldo an, spricht aber nicht mit ihm und beendet nach wenigen Sekunden die einseitige Kommunikation.

Einige Zeit danach verlässt er sein unter anderem mit Fotos von Brunetti tapeziertes Zimmer, um im Foyer einen Umschlag mit einem USB-Stick für die Post abzugeben. Fast gleichzeitig erscheint im Fax-Gerät des Portiers das Konterfei des polizeilich gesuchten Guarino. (Hotel Falier, Santa Croce 130, Salizada San Pantalon)

Das Hotel Falier ist im dritten Gebäude beherrbergt

Residenz der Cataldos (B4)

Signor Cataldo nimmt Guarinos Anruf bei einem gemütlichen Zigarettchen auf dem Balkon über dem Canal Grande entgegen und schüttelt den Kopf über den stummen Unbekannten.

Nur ungern lässt etwas später Signora Cataldo ihren niedergeschlagenen Ehemann zu Hause zurück, um sich mit ihrem selbst ernannten „Liebhaber" Antonio Barbaro die Nacht beim Glücksspiel um die Ohren zu schlagen.

Auch der Besuch von Commissario Brunetti heitert Maurizio Cataldo nicht auf, konfrontiert der ihn doch mit seinen Geschäftsbeziehungen zu Ranzato. (Dorsoduro 1261, Ramo Ambasciatore)

Nota bene: In der Verfilmung von „Endstation Venedig" residiert Signor Viscardis in diesem Palazzo.

Spedition Ranzato (A3)

Brunetti und Vianello zeigen Arbeitern auf dem Firmengelände Phantombilder des vermutlichen Mörders ihres Chefs, stoßen aber auf wenig Resonanz und Auskunftsfreude. (Santa Croce, Calle dietro ai Magazzini)

Obsthandel Barbaro (A3)

Ziemlich unfreundlich werden die Beamten auch beim benachbarten Obsthändler Barbaro empfangen. Ein volltrunkener Mitarbeiter richtet während der Befragung unentwegt seine Pistole auf die wenig beeindruckten Polizisten, bevor Antonio Barbaro überaus nervös die beiden vom Grundstück vertreibt. Doch Brunetti und Vianello haben bereits genug gesehen ...

Verschanzt hinter einem Müllcontainer observiert Vice-Questore Patta den flüchtigen Guarino, der ihm dieses Mal noch entkommt. (Santa Croce, Calle dietro ai Magazzini)

Signora Cataldo hat während ihres Telefonats einen wunderschönen Blick auf die Chiesa Madona de la Salute am gegenüberliegenden Ufer des Canal Grande.

Signora Cataldo telefoniert mit Commissario Brunetti (C4)

Signora Cataldo verabredet sich mit dem zögerlichen Commissario zu einem Dinner zu zweit im Ristorante Centrale. Brunetti ahnt noch nicht, dass sie die Einladung nur auf Druck von Antonio Barbaro ausgesprochen hat. (San Marco 2238, Calle del Teatro San Moisè)

In realtà treffen sie sich später im Ristorante La Linea d'Ombra.

Festnahme von Filippo Guarino (A3)

Wilde Haken schlagend kann Guarino seine uniformierten Verfolger abschütteln. Doch hat er die Rechnung ohne Vice-Questore Patta gemacht. Der genehmigt sich erschöpft von der Jagd ein Glas Wasser in der Bar Canton, als ihm Guarino beim Überklettern einer Mauer im wahrsten Sinne des Wortes vor die Füße fällt, so dass er ihn nur noch aufsammeln muss. (Dorsoduro 2245A, Fondamenta de l'Arzere)

Die hölzerne Plattform des Ristorante La Linea d´Ombra mit Panoramablick auf die Giudecca

Brunetti mit Franca Cataldo im Ristorante La Linea d'Ombra (C4)

Im fantastisch gelegenen Ristorante versucht der Commissario Franca Cataldo zu einer Aussage gegen Antonio Barbaro zu überreden. Die Signora indes verlässt ob seines Ansinnens wortlos die Szenerie. (Dorsoduro 19, Ponte de l'Umiltà, *Bild vorherige Seite*)

Antonio Barbaro erwartet Signora Cataldo im Boot (C4)

Nach ihrer einseitigen Unterredung mit Brunetti begibt sich Signora Cataldo zu dem wartenden Barbaro ins Boot und tuckert mit ihm unter den besorgten Blicken der Beamten davon. (Dorsoduro, Fondamenta de la Salute, *Bild Seite 276/277*)

Tod von Antonio Barbaro (A4)

Nachdem Franca Cataldo den Commissario ins Casino bestellt hat, kommt es zu einem blutigen Showdown zwischen Brunetti, Patta, Signora Cataldo und Antonio Barbaro, in dessen Folge Barbaro erschossen wird. (Dorsoduro 1589, Calle de l'Avogaria)
(*Foto Jörg Hänsel*)

Brunetti und Paola im Ristorante des Hotels Cipriani (D5)

Der Commissario und seine Gattin begießen das Ende der Ermittlungen mit einem Glas Spritz, wobei sich Guido immer noch befremdet über die dubiosen Geschäftspartner seines Schwiegervaters zeigt, um den er sich in Zukunft mehr kümmern möchte. Dass er damit gleich am selben Abend bei einer der gefürchteten Abendeinladungen des Conte beginnen könne, war nur ein böser Scherz von Paola.

Nota bene: In den Romanen von Donna Leon pflegt Vice-Questore Patta im Sommer am hoteleigenen Swimmingpool sein Mittagsmahl einzunehmen. (Giudecca, Fondamenta San Giovanni 10)

Fondamenta de la Salute

A

Acqua Alta 117
Aiko (japanische Brieffreundin von Chiara)
..........127, 130, 134, 136
Alberi Lorenzo (Bruder von Sandro)...........176
Sandro (Fischer) 176
Al Corallo (Trattoria)..225
Al Do de Bastoni (Bar)
....................................164
Alfredo s. Pedrolli
Allbright (Professor)
...................157, 159, 164
Altenheim 20, 101, 107,
..........................208, 253
Alvise (Sergente)....19, 48,
54, 103, 126, 139, 172,
174, 177, 180,191, 248
Angìo (Bar) 134
Antico Martni (Ristorante)................................56
Antiquitätengeschäft...118
Antonia (Freundin von Chira).......................194
Anwalt s. Marieschi, Martucci, Santomauro, Trevisan, Zambino
Apotheke 236, 238, 244
Architektin 122
Ariana (Nichte von Rani Vega)......................248
Arsenale .67, 165, 169, 257
Aurino, Dottor (Pathologe)...34, 64, 68, 108,148, 157, 193, 204, 211, 221

B

Bäckerei 135
Bahnhof s. Santa Lucia
Banca di Verona 40, 47
Barbaro, Antonio 262,
......268, 269, 271, 274
Baresi, Signorina 90, 97
Bar s. Al Do de Bastoni, Angìo, Bar Arsenale, Canton, Crazy Bar, Da Codroma, Fischerbar, Rosa Salva, Stammbar
Bar Arsenale   163
Battestini, Signora 126,
.................127, 134, 141
ihre Nichte 130
Paolo 137
Belcredi 146, 150
Biblioteca della Patria
..........................186, 190
Biblioteca Marciana ...110
Bonaventura, Sandro ....
..............................54, 58
Bonsuan (Bootsführer)
....................................173
Boscarini, Clemenza ...174
Bottin, Signor 176
Brauchli (Kommissar)101,
..........................107, 108
Brieffreundin s. Aiko
Brunetti
Chiara (Tochter von Guido)...........26, 27, 41, 42, 65, 87, 93, 97, 101, 110, 115, 130, 136, 152, 187, 191, 194, 195, 223, 233, 239, 249, 252, 253
Guido (Commissario)
.........................passim
Mutter von Guido
134, 136, 139, 208, 221,
.................249, 250, 253
Paola (Frau von Guido)....32, 41, 54, 55, 58, 67, 70, 75, 139, 150, 157, 159, 172, 186, 201, 203, 208, 213, 221, 263, 275
Raffi (Sohn von Guido).........41, 75, 93, 130,
134, 136, 139, 144, 145, 150, 152, 157, 159, 187, 195, 223, 233, 249, 250, 252, 253
Sophia (Tante von Guido) 219, 221,
..........................223, 229
Buchladen 95, 164, 209
Buco, Signor 82
Bürgermeister 244

C

Café am Campo Santi Giovanni e Paolo 228
Café Lavana 210
Calle:
C. Dandolo 251, 259
C. de Ca' Bonvicini 93
C. de Ca' Foscari 89, 93
C. de la Chiesa 238
C. de la Madona 243
C. de la Pietà 130, 131
C. de l'Avogaria 274
C. della Chiesa 177
C. della Madonna 210
C. del Lovo 29
C. del Papadopoli 263
C. del Pestrin 210
C. del Remer 82
C. del Teatro 203
C. del Teatro San Moisè
....................................271
C. del Tragheto 19
C. dietro ai Magazzini
..........................129, 269
C. Donà 66
C. drio i Orti 219, 222
C. Larga Foscari 259
C. Larga Piave 223
C. Larga Vendramin ...159
C. San Cipriano 227
C. Sant'Antonio 164
C. Tron 33

Campazzo dei Tolentini 58
Campazzo de l'Erba ...202
Campiello del Piovan 195
Campiello Marinoni 42, 194, 212
Campo:
C. Castelforte 165
C. dei Frari 97
C. dei Tolentini 55
C. de l'Anzolo Rafael 204
C. de l'Arsenal ......67, 146, ...163, 169
C. de le Gate 41, 56, 97
C. de Santa Giustina detto de Barbaria 41, 56, 97
C. Ognissanti. 37
C. Pisani 59
C. Ruga 204
C. San Barnaba 69, 95, 252
C. San Fantin 139
C. San Francesco de la Vigna 19
C. San Giobbe 192
C. San Luca 47
C. San Pantalon 75
C. San Samuele 82
C. San Stae 191
C. Santa Giustina 249
C. Santa Margherita 95, 140, 236
C. Santa Maria del Giglio 96
C. Santa Maria Formosa 120, 122
C. Santa Maria Mater Domini 47
C. Santa Marina 66
C. Santi Apostoli 27
C. Santi Giovanni e Paolo ......90, 103, 209, 228, ...229, 236, 239
C. San Tomà 118
C. Santo Stefano 48, 59
C. San Trovaso 194
C. San Vidal 244
C. Teatro Fenice. 56
Canale della Giudecca 107
Canale di Cannaregio 192
Canal Grande 21, 30, 58, 82, 162, 191, ...228, 235, 264
Cantinone Storico (Ristorante) 78, 94
Canton (Bar) 271
Capitano (aus Padua) ..30
Caprese, Davide 146
Carabiniere.........253, 259
Carbon (Traghetto) 88
Casinò 22, 159, 274
Caspari, Signora (Kommissarin) .187, 194, 195
Cassato, Lele 114, 117
Cataldo
Ehepaar ...262, 263, 268
Franca .....161, 262, 271, ...274
Maurizio 161, 263, 266, 268
Cea (Trattoria) 210
Centrale (Ristorante) .271
Ceroni, Regina (Reisebürobesitzerin) 22, 26, 29, 33, 36
Chiesa dei Gesuiti 103
Chiesa Madona de la Salute 270
Chiesa San Francesco de la Vigna ...103, 106, 252
Chiesa San Giorgio Maggiore 117
Chiesa San Pietro 181
Cipriani (Hotel) ..136, 275
Colonna (Anleger) 221
Conte s. Falier, Lorenzoni
Corte Barzizza 210
Corte de l'Albero- 90
Corte del Magazen 228
Corte Mosca 79
Corte Rota 78, 79
Corte Scura 21
Corte Sforza 189, 233
Corte Zappa 191
Crazy Bar 32
Crespo, Signor 40

D

Dachterrasse
Brunettis D 21, 86
Fasanos D 227, 228
Fornaris D 251, 259
Da Codroma (Bar) 169
dal Carlo 86, 87, 90, 96
Damm 42, 150, 165, 242
da Prè
Signor 22, 107, 108
Signora 100
Darsena Nuovissima ..117
de Cal Assunta (Tochter von Giovanni) ....218, 219, 222, ...226, 227, 228
Giovanni 218, 219, 221, 222
Delikatessenladen 238
Della Corte (Capitano) 26
Dessousgeschäft 203
Dogenpalast 113
Don Luciano 110
Dorandi 54, 55

E

Elettra, Signorina 19, 27, 40, 41, 54, 79, 86, 95, 100, 114, 115, 172, 173, 174, 177, 181, 212, 232, 239, 242, 243, 248, 249,

............................262, 263
Erberia 209, 239

F

Falier
  Ehepaar 54, 159, 263
  Orazio (Conte, Schwiegervater von Guido Brunetti) ....59, 64, 67, 70, 157, 169, 186, ...262, 275
Falier (Hotel) 267
Fasano, Gianluca ......218, ..219, 222, 225, 227, 228
Favero (Steuerbeamter) 26
Filipetto (Notar) .187, 191
Filippi, Enzo 145, 146, 150
Fischerbar 174
Fischmarkt. 115
Flavia.s. Petrelli
Florinda s. Ghiorgiu
Flughafen:
  Alter F. 83
  Marco Polo 36
Follini, Signora 174, 175
Fondamenta:
F. Bonlini 252
F. Briati 169, 176
F. Carlo Goldoni 33
F. dei Mori 132, 134
F. dei Ormesini 135
F. dei Vetrai 225
F. de la Misericordia 93, 130, 141, 150, 152, 159, ...180, 195, 212, 244
F. de l'Arzere 271
F. de la Salute 274
F. del Malcanton 251
F. de l'Osmarin 32
F. del Piovan 210
F. del Rielo 208
F. del Rio Novo 158, 193, ...211, 221
F. del Soccorso 19, 36, 107, 118, 122
F. del Squero 128
F. del Tagiapiera 46
F. de Santa Caterina 139, 187, 211
F. di Ca' Bragadin 78, 94
F. Diedo 137, 242
F. di San Felice 201
F. Forner 162
F. Gherardini 141
F. Grimani 117
F. Nani 223
F. Orseolo 33
F. Ospedaletto 70
F. Pagan 108
F. San Gioachin 169
F. San Giovanni ...136, 275
F. San Marco 108, 148
F. Santa Giustina 135
F. Santa Lucia 42
F. Sant'Anna 213
F. Zattere al Ponte Longo 107, 150
F. Zattere al Saioni 94
Ford
  Maxwell 186, 187, 188, ...190, 195
  Signora (Frau von Maxwell) 191, 195
Fornace von de Cal 219, 222, 226
Fornari
  Eduardo 250, 251
  Ursula 248, 250
Foster (Sergeant) 156, 158
Fotogeschäft 252
Franchi, Signor (Apotheker) 233, 238, 244
Friedhofsinsel 69, 152, 227

G

Gemüseschiff 213
Ghiorgiu, Florinda 126, 127, 129, 140
Giftmüllskandal 156
Gismondi, Signora 126, 127, 139
Giudecca 78, 272
Gravi (Schuhmacher) 41, 48
Guarino, Filippo 262, 263, 264, 266, 268, ...269, 271
Guzzardi, Luca 186, 188

H

Hafen 117
Hafen von Pellestrina 173
Hafen von San Pietro in Volta 173
Hilda (Haushälterin) 82
Hochwasser s. Acqua Alta
Hotel s. Cipriani, Falier, La Fenice

I

Il Migliore (Ristorante) 141, 152, 180
Il Nono Risorto (Osteria) 77
Il Refolo (Ristorante) 195
Immaculata (Maria Testa) 100, 101, 102, 106

J

Jacobs, Signora
................186, 188, 233
Jelenko, Anna (Opernsängerin) 156
Junkiepärchen 86
Juweliergeschäft 202

K

Katasteramt 89
Kirche s. Chiesa
Kloster 106
Kramladen 175
Krasnic, Rozafa 232

L

La Capra, Signor 22,
..114, 117, 118, 122, 123
La Fenice (Hotel) 73
La Fenice (Ristorante)
..............42, 45, 194, 212
La Fenice (Teatro)
................................74, 139
La Linea d'Ombra (Ristorante) 272,274
Lega della Moralità
.........................40, 42, 48
Leonardo, Claudia
..186, 187, 188, 190, 192
Lerini, Signor 100, 101
Lerini, Tochter von Signor L 100
Lido 27, 34, 43, 68, 83,
....................100, 103, 182
Linero (Arzt) 232
Lorenzoni
  Maurizio 64, 70
  Roberto
  ....64, 66, 67,68, 69, 70
  Vater von Roberto
  (Conte) 64
Luciano s. Don Luciano
Lynch, Brett 22, 74, 75,
....79, 114, 115, 122, 123

M

Malfatti 49
Malfattis Freundin 49
Marciana (Biblioteca)
...........................109, 110
Marcolini, Giovanni
...................233, 239, 244
Marco Polo (Flughafen)
....................130, 213, 221
Marghera 150
Maria, Signora 75
Maria Testa (ehem.
  Immaculata) 35, 43,
.............68, 100, 102, 103
Marieschi, Roberta (Anwältin) 126, 130, 134
Marinearsenal 146
Mariotti (Professorin) 211
Markt 107
Markusplatz 28, 29,
..........111, 193, 243, 255
Martucci, Signor (Anwalt)
.........................26, 33, 34
Marvilli (Capitano)
..........232, 236, 242, 243
Mascari (Filialleiter der
  Bank) 40, 46
Mascari, Signora
...............35, 40, 43, 46, 68
Matteo (Freund von Raffi)
.................................195
Maurizio (Schwarm von
  Chiara Brunetti) 194
Mestre 26, 40
Metzger 183
Militärakademie
....................144, 146, 150
Mitri, Davide (Dottor)
.............54, 55, 56, 58, 59
Moro
  Eheleute 152
  Ernesto (Sohn von F.
    Moro) 144, 146, 148
  Fernando
    ....145, 147, 148, 150
  Signora (Frau von F.
    Moro) 148
Murano (Insel) ..218, 219,
..221, 222, 225, 226, 227
Murino, Franco
....................114, 117, 118

N

Nando ..202, 208, 209, 210
Naranzaria (Osteria)
............................208, 239
Nardi, Maria (Polizistin)
..................................40, 43
Nicolescu, Gabriel (Sohn
  von Florinda Ghiorgiu)
..........126, 128, 130, 139

O

Oliveri, Marco
....................40, 41,47, 49
Oniga (Ristoteca) 95
Opera Pia 100, 110
Optiker 65
Ospedale al Mare
.........................35, 43, 68
Ospedale Civile
............90, 103, 209, 236
Osteria s. Il Nono Risorto,
  Naranzaria

P

Padovani, Signor 74, 77, 78
Padua 26
Palazzo Ca' Zenobio 22, 23, 36, 139, 191
Palazzo Stern 69
Pane, Vino e San Daniele (Ristorante) 204
Pathologe (Aurino) 34, 64
Pathologisches Institut ......34, 68, 108, 148, 158, ...193, 211, 221
  Außenaufnahmen 43
Patta (Vice-Questore) passim
  Gattin von P. 40
  Roberto 87
Pedrolli
  Alfredo ...232, 233, 236, ...244
  Bianca .....233, 236, 238, ...239, 244
  Eheleute ..189, 233, 235
  Gustavo (Kinderarzt) 232, 233, 236
Pellestrina (Insel) ....172, 173, 175, 176, ...177, 180, 181
Pescaria 115
Peters (Captain) („Capitana") 156, 158, 163
Petrelli, Flavia ....22, 74, ...79, 114, 115, 122, 123
Piazzale alla Colonna 221
Piazzale Roma 158
Piazza San Marco ....59, 70, 76, 89, 111, ...123, 148, 193, 243
Piazzetta San Marco 110, 192, 253

Pio (Padre) 106, 111
Piscina del Forner .58, 244
Polizeirevier 22
Ponte Briati 139
Ponte de l'Umiltà 274
Ponte Longo 229
Ponte Rielo 208
Ponte San Canziano ...157
Ponte San Pietro Martire 222
Ponte Sant' Andrea 129
Portico Pisani 264

Q

Quadri (Ristorante) ..59, 70, 76, 89, 123, 148, ...192, 243
Questura .....18, 19, 54, 56, ..115, 130, 187, 200, 218

R

Ramo Ambasciatore ...161
Ramo Malipiero 102, 208, 253
Ramo Pisani 30
Ranzato, Stefano 262, 264, 268
Reisebüro 29, 46, 54, 55
Religionslehrer 101, 110
Restaurant, afrikanisches R. 204
Rezzonico 59
Rialtomarkt 107
Rio dei Servi 162
Rio de Sant´ Anna 166
Rio Ospedaleto 70
Rio Terà San Silvestro 110
Ristorante (auf San Giorgio) 213
Ristorante im Hotel Cipriani 136, 275

Ristorante s. afrikanisches Restaurant; Antico Martini; Cantinone Storico; Centrale; Il Migliore; Il Nono Risorto; Il Refolo; La Fenice; La Linea d`Ombra; Linea d`Ombra; Oniga; Pane, Vino e San Daniele; Quadri; Riviera
Riva dei Schiavoni 193
Riva del Vin 70, 110, 182, 183
Riva San Biagio 134
Riviera (Ristorante) 107, 150
Riviera Santa Maria Elisabetta 103
Rosa Salva (Bar) ..229, 236
Rossi, Signor 86, 88, 90, 93
Rotes Café 95, 140
Rozafa 44
Ruffolo
  Giuseppe 157, 165
  Signora 161, 162, 163, 169

S

Sacca Serenella 226
Salizada del Pistor 202
Salizada Malipiero 264
Salizada San Francesco 48
Salizada San Luca 64
Salizada San Pantalon 266
Salizada San Zanipolo 65
Salute (Traghetto S.) 79
Salviati, Francesca 70
Samuele (Tragheto S.) ..69

San Giorgio (Insel)
..........192, 213, 214, 255
San Marco 88
San Martino (Militärakademie)........................144
San Michele (Friedhofsinsel) 30, 77, 152, 250
San Pietro in Volta
..171, 175, 176, 177, 181
San Polo 88, 238
San Samuele 97
Santa Lucia (Bahnhof)
............................42, 165
Santini, Clemenza ...74, 78
Santini-Schwestern 77
Santomauro (Anwalt)
..............40, 41, 42, 48
San Zaccaria (Anleger)
...................................193
Savelli 219
Schuhmacher 41, 48
Schulbehörde 136
Schule (von Chiara) 37
Semenzato (Dottor)
..........114, 115, 117, 118
Seniorenheim 100
Sergeant s. Foster
Sergente s. Alvise, Vianello
Sergio (Glasbläser)
............................218, 227
Simionato 128
Simionato, Graziella
............................126, 135
Sorim (Cousin von Rozafa Krasnic) 232
Sotoportego 2° de le Colone 163
Sotoportego Barbarigo
....................................204
Sotoportego del Tragheto
....................................157
Sotoportego de Siora Bettina..............................77
Sotoportego Widmann
....................................147

Spadini, Vittorio
............................172, 182
Staatsanwaltschaft
............................137, 242
Stein, Claudio (Juwelier)
............................204, 208
Strada della Marina 182
Strada Nova
..............49, 138, 201, 203
Straßenhändler 200

T

Targhetta, Carlo
..........172, 177, 181, 182
Tarik (Neffe von Rani Vega) 248
Taschenladen 203
Tassini, Emma (Tochter v. Giorgio) 218
Tassini, Giorgio (Nachtwächter) ..218, 223, 226
Toscano (Commandante)
..........144, 145, 146, 150
Traghetto s. Carbon, Samuele, Salute
Trattoria alla Madonna
.....................................243
Trattoria am Arsenale
....67
Trattoria s. Al Corallo; Cea; Vecio Squeri, dal
Trevisan
 Carlo (Anwalt und Stadtrat) ...26, 27, 29, 30
 Franca (Tochter von Carlo) 26, 27
 Signora (Witwe von Carlo) 30, 34
Trotti (Dottor) 137

U

Universität
.......58, 89, 139, 187, 211

V

Vaporetto-Stationen ...103
Vecio Squeri, dal (Trattoria) 41, 56
Vega, Rani (Fotografin)
...................248, 252, 259
Via Garibaldi 213
Viale dell'Ospizio Marino.
................................35, 43
Vianello, Federico (Sohn vom Sergente) 213
Vianello (Sergente)
 .. passim
Vice-Questore s. Patta
Viscardis, Signor 156, 157,
..159, 161, 162, 169, 268
Volpatos (Ehepaar)
............................86, 95, 96
Vucumpra 200, 201

W

Wellauer
 Helmut (Dirigent)
 ....74, 77, 78, 79, 81,
 ....82, 114
 Witwe von Helmut
 ....77, 82, 83

Z

Zaina 202, 210, 211, 212
Zambino (Anwalt) ..54, 59
Zattere 229
Zigeunerbande 18

Weitere Produkte für Brunetti-Fans

Wer nach Lektüre dieses Buches vor Ort auf Spurensuche gehen möchte, dem seien nachfolgende Produkte der beiden Autoren empfohlen:

- **Auf den Spuren von Commissario Brunetti**
  Band I der Autoren, in dem hauptsächlich die Romanschauplätze beschrieben werden
- Übersichtsplan von Venedig, auf dem die Hauptschauplätze eingezeichnet und beschrieben sind
- Vaporetto-Touren, die den Blick auf viele Schauplätze vom Wasser aus erlauben
  - Canal-Grande-Tour
  - Tour durch Venedigs Kanäle
  - Streifzüge durch die südlichen Laguneninseln
  - Streifzüge durch die nördlichen Laguneninseln
- Krimispaziergänge, die zu Fuß auf Streife schicken
  - Brunettis Weg zur Arbeit
  - Brunettis Familie
  - Brunettis Bars und Restaurants
  - Brunettis Leichen I
  - Brunettis Leichen II

Weitere Informationen und ein Bestellformular finden Sie unter www.brunettistadtplan.de.